Christian de Selys

AMOR y DESAMOR

Claves para superar con éxito una
ruptura amorosa

Editorial
SIRIO

Si este libro le ha interesado y desea que lo mantengamos
informado de nuestras publicaciones, puede escribirnos a
comunicacion@editorialsirio.com,
o bien suscribirse a nuestro boletín de novedades en:
www.editorialsirio.com

Diseño de portada: Editorial Sirio, S.A.
Diseño y maquetación de interior: Toñi F. Castellón

©   de la edición original
     2017, Christian de Selys

©   de la presente edición
     EDITORIAL SIRIO, S.A.
     C/ Rosa de los Vientos, 64
     Pol. Ind. El Viso
     29006-Málaga
     España

www.editorialsirio.com
sirio@editorialsirio.com

I.S.B.N.: 978-84-17030-39-1
Depósito Legal: MA-1436-2017

Impreso en Imagraf Impresores, S. A.
c/ Nabucco, 14 D - Pol. Alameda
29006 - Málaga

Impreso en España

Puedes seguirnos en Facebook, Twitter, YouTube e Instagram.

A mis hijos Roberto y Adriana.
Con todo mi amor.

INTRODUCCIÓN

Lo mejor para escribir sonetos, poemas o canciones es el desamor.
Solo de lo perdido canta el hombre. Solo de lo negado. Cuando
estás en plena relación amorosa no hay nada sobre qué escribir,
porque aprovechas el tiempo en otras cosas mejores.

Joaquín Sabina

Tienes en tus manos el resultado de un largo trabajo de investigación, que no empezó hace un año, momento en que decidí ponerme manos a la obra para escribir este libro, sino hace veinte, cuando como psicólogo abordé mi primer caso de ruptura de pareja. Desde entonces han sido muchos los hombres y mujeres que han acudido a mi consulta en busca de la orientación que les permitiera abordar la dura situación a la que se enfrentaban. Este libro es el resultado directo de todas esas situaciones en las que he trabajado, protagonizadas por personas de edades, nacionalidades, niveles socioeconómicos, tendencias políticas y estilos de vida tan variopintos como los que podemos encontrar en un lugar con tanta diversidad como la isla donde vivo. Nadie se escapa del desamor, nadie está a salvo de una ruptura amorosa ni puede hacer nada para evitar este choque emocional. Todos, desde el momento en que llegamos a este mundo, estamos expuestos a sufrir por amor. Por supuesto, también a disfrutarlo y a vivirlo con intensidad.

Cuando las cosas van viento en popa, a nadie se le ocurre buscar ayuda. ¿Por qué cambiar algo que funciona bien? Es precisamente en los momentos bajos cuando nos encontramos con ese vacío y necesitamos apoyo y orientación para salir de la oscuridad y hallar el camino de retorno a la felicidad. En la mayoría de los casos, el objetivo de la terapia es comprender lo que sentimos. Si bien este libro no pretende resolver todos los interrogantes que lleguen a surgir, sí puede dar respuesta a la mayor parte de ellos, pues en los años de ejercicio de mi profesión he observado la existencia de una serie de cuestiones que se repiten con frecuencia. La mente necesita comprender esas inquietudes y dudas que le incomodan y darles salida. No siempre hay respuesta y, en ocasiones, no hay más remedio que aceptar lo que sucede. Para mí, la cantidad de preguntas que un cliente se hace al respecto es un indicador de su evolución en el duelo amoroso, y se podría decir que, en el momento en que se las deja de plantear, ya lo ha superado definitivamente.

Muchos de los problemas amorosos que nos han hecho sufrir alguna vez son totalmente previsibles. En la mayoría de los casos son ocasionados por malentendidos, mitos, falta de empatía, inmadurez o egoísmo. Mi intención con este libro es tratar de ayudarte a entender mejor el desamor, que en muchos casos nos puede sobrevenir en el momento más inesperado, por ejemplo cuando la flecha de Cupido nos atraviesa y nos empuja a beber los vientos por quien menos hubiéramos imaginado, tal vez por esa persona que siempre ha estado a nuestro lado pero que nunca vimos de ese modo hasta haber despertado al amor. Al entender mejor la naturaleza de cada uno de los pequeños engranajes de este fenómeno, reconociendo la relación de los elementos entre sí y los componentes químicos que se desatan en el interior del cerebro cuando pasa por nuestra vida ese torbellino desbocado que llamamos amor, nos resultará más fácil orientarnos y proteger nuestros sentimientos, y también estaremos más preparados para hacer frente a la adversidad. Si comprendemos al otro miembro de la pareja, con los deseos e insatisfacciones quizá propias de su género, podremos dejar de lado los detalles que nos separan y enfocarnos en lo que tenemos en común, lo cual nos permitirá construir una relación más sana y satisfactoria. Si, por el contrario, nos hallamos en plena fase de separación, donde ya no hay marcha atrás ni necesidad de enmendar lo ocurrido, conocer lo que nos sucede interiormente en esos difíciles momentos es esencial para superarlo de la mejor manera posible y aprender a abrir los brazos a las bondades que la vida nos tiene preparadas.

CÓMO USAR ESTE LIBRO

Esta obra consta de tres partes:

La **primera parte** hace un recorrido por las diferentes hipótesis que explican el funcionamiento del amor y el porqué de nuestras emociones. En ella trato también de analizar el papel de la bioquímica cerebral en el modo de relacionarnos en el momento del cortejo. Además, repaso algunas teorías sobre la selección sexual, en las que hago referencia a estudios, encuestas y análisis con el propósito de ofrecerte una idea más profunda de lo que es exactamente el amor.

La **segunda parte** muestra con mayor profundidad las razones por las que nos sucede lo que nos sucede cuando nos enamoramos. En esta parte expongo cómo se generan algunos problemas de pareja como la infidelidad, el apego, los amores tóxicos, los celos o la dependencia emocional.

La **tercera parte**, la más práctica de las tres, está dedicada al proceso de ruptura y a las fases del duelo. Explica qué no hacer durante una separación y te muestra los pasos que deberás seguir para superar la ruptura, curar tu corazón roto y construir tu próxima relación de una forma más sana y asertiva.

Puedes empezar por el principio y avanzar capítulo a capítulo, profundizando en el concepto del amor y los secretos que envuelven a esta emoción que mueve el mundo. Sin embargo, si lo que buscas son soluciones prácticas porque necesitas enfrentarte ya a una ruptura y sanar tu corazón, puedes empezar directamente por la tercera parte y dejar para más adelante las otras dos.

PRIMERA
PARTE

¿QUÉ ES EL AMOR?

Amor. Cuatro letras que han revolucionado tantas veces nuestro mundo. ¿Qué es el amor? Me temo que no hay una única respuesta para esta pregunta. En el programa *La noche en vela*, de Radio Nacional de España, hicieron un pequeño sondeo a un grupo de niños de primaria. Concretamente, les preguntaron «¿qué es el querer?», y sus respuestas fueron así de variopintas: «Querer a un chico es pasar la vida con él»; «Es cuando dos personas se quieren y cuando se tratan bien»; «Que tengas confianza con ese chico o con esa chica, que sea amablc contigo, te diga las verdades siempre y que no te mienta», o «Hay dos tipos de querer. El primero, querer como amigo, y el otro querer como pareja. Ah, y querer como madre».

Desde niños, todos nos hacemos una idea más o menos abstracta de lo que es el amor en función de nuestra experiencia, de lo que hemos visto en nuestro entorno familiar,

de los libros o películas que hayan caído en nuestras manos... Son las canciones las que primero nos hablarán de este supuestamente grandioso sentimiento, aunque tal vez sea un error construir la imagen de una emoción tan importante —una emoción que en algún momento acabará gobernando nuestras vidas— a partir de los versos que haya elegido, con más o menos gracia y acierto, un determinado compositor. Aunque también es cierto que, ante un desengaño amoroso, solemos encontrar canciones que ponen palabras precisas a lo que nos está ocurriendo y un impulso masoquista nos empuja a escuchar ese tema una y otra vez, mientras rememoramos con amargura los momentos felices, evocamos la imagen de la persona amada que ya no está en nuestras vidas y damos rienda suelta al dolor.

Ese corazón desgarrado, ese vacío en el alma, también forma parte de la vida, y la mala noticia es que no hay una vacuna que nos inmunice. Sin embargo, si disponemos de información sobre qué es eso que llamamos amor, qué sustancias de nuestro organismo intervienen en ese fenómeno, qué despierta nuestra pasión por la otra persona, qué ocurre en el cerebro durante cada fase del proceso y qué provoca esa sensación de vértigo ante la marcha del ser amado, podremos comprender mejor por lo que estamos atravesando. Los siguientes capítulos componen una guía que te permitirá superar esos duros momentos de la mejor forma posible. Te ayudarán a dar un paso tras otro para que puedas avanzar por ese oscuro túnel, a pesar de que al principio tal vez no veas nada, como si se tratara de un GPS o un mapa que te llevará a recuperar la ilusión y a descubrir el tesoro que tienes en tu interior.

COMPRENDER EL FENÓMENO AMOROSO

Desmayarse, atreverse, estar furioso,
áspero, tierno, liberal, esquivo,
alentado, mortal, difunto, vivo,
leal, traidor, cobarde y animoso;
no hallar fuera del bien centro y reposo,
mostrarse alegre, triste, humilde, altivo,
enojado, valiente, fugitivo,
satisfecho, ofendido, receloso;
huir el rostro al claro desengaño,
beber veneno por licor suave,
olvidar el provecho, amar el daño;
creer que un cielo en un infierno cabe,
dar la vida y el alma a un desengaño;
esto es amor, quien lo probó lo sabe.

Lope de Vega

El amor existe desde que el mundo es mundo. Esta bella frase que nos puede llevar a saltar de un tópico romántico a otro, haciéndonos rememorar los centenares de historias de amor con las que nos han bombardeado desde niños, encierra una importante dosis de ingenuidad. Comprender el fenómeno amoroso es tan útil como saber cuáles son los componentes necesarios para la elaboración de un medicamento o memorizar la receta de nuestro plato favorito. El hecho de no conocer a la perfección los ingredientes de cada uno de ellos no hace menos eficaz el medicamento ni menos delicioso el postre.

Se han escrito kilómetros de páginas sobre el amor, tanto para analizarlo como para relatar historias y novelas inspiradoras. Hace más de dos mil años, entre el año 2 a. de C. y el 2 d. de C., el poeta romano Ovidio escribió su tratado *Ars Amatoria* (*El arte de amar*), en el que presentaba todo tipo de consejos para cortejar a las mujeres, conquistarlas, enamorarlas, afianzar la relación e incluso recuperar un amor perdido. El éxito fue tal que se vio obligado a escribir un segundo volumen para ampliar la información; luego, un tercero en el que le explicaba al público femenino cómo desplegar sus encantos para seducir al hombre deseado, y, finalmente, otro tratado llamado *Remedia Amoris* (*Remedios de amor*) en el que enseñaba a sus lectores a evitar amores insanos.

El amor y el desamor, el deseo y el rechazo, la reconquista del ser querido... son temas que siempre han atraído al ser humano y, probablemente, sin ese interés tácito hace ya tiempo que nos habríamos extinguido. Desde la visión que nos ofrece nuestro siglo, en que los descubrimientos sobre el funcionamiento del cerebro nos asombran cada día, podemos explicar de manera científica los fenómenos que se desatan en nuestro organismo en el momento que sentimos el mítico flechazo o las excitantes mariposas en el estómago. Podemos construir un mapa detallado de las áreas del cerebro que se activan cuando el amor romántico nos ha hechizado, e incluso entender el origen biológico y primigenio que dirige nuestra manera de actuar en el flirteo. Sabemos que el amor está en el cerebro, de eso no hay duda. Esos fuegos artificiales que sentimos cuando nos enamoramos se encienden precisamente ahí, no en el corazón. Sin embargo, saber todo eso no nos hace inmunes a sus efectos, no invalida el poder que la sinrazón puede ejercer sobre una persona enamorada. Además, ¿por qué íbamos a querer escapar del amor?

En ocasiones, cuando he de abordar este asunto con mis clientes, les explico que el hecho de comprender lo que nos sucede nos puede ayudar, y pongo el ejemplo de lo que nos ocurre cuando nos damos un golpe. Entender la anatomía, la fisiología y la bioquímica del golpe no nos librará de sentir dolor, pero nos permite cuidarnos mejor y acortar el tiempo de recuperación.

En esta sociedad sufrimos demasiado a causa de esta caprichosa palabra de cuatro letras. Incluso cuando alguien se siente satisfecho por haber encontrado su media naranja y vivir con ella una relación armoniosa, en lo más hondo de su ser siempre albergará miedos e inseguridades. Quizá solo inconscientemente, pero con presencia suficiente como para que estos miedos se manifiesten en el momento más inesperado y lo empujen a uno a dejarse llevar por su naturaleza más primitiva.

Gran parte de los clientes que recibo en mi consulta sufren problemas sentimentales, y son precisamente ellos los que me han dado la energía para comenzar a escribir este libro. Creo que el desamor se ha ganado por derecho propio un lugar importante entre los males que más nos pueden afectar, y considero que lo que aprenderás en estas páginas —desgranar los secretos del amor y ser consciente de lo que está burbujeando en tu interior– te permitirá hacer frente al desamor, curar tu corazón roto y pasar página de una vez por todas. Estoy convencido de que arrojar luz sobre este asunto nos permitirá contemplarlo con más consciencia y comprensión.

ÉRASE UNA VEZ...
EL HOMBRE ENAMORADO

El amor de mi amada está en la ribera opuesta.
Allí el cocodrilo en la sombra está atisbando,
en tanto el río entre nosotros se extiende.
Pero cuando al río yo me arrojo,
puedo vadear la corriente.
Cuando estoy bajo las aguas,
se agranda mi corazón.
Son las olas para mí como si en tierra caminara.
¡Es que el amor me hace fuerte,
y hace arder el agua para mí!
Cuando veo salir a mi amada,
comienza a bailar mi corazón,
y se abren mis brazos solos,
para abrazar a mi dueña.

Poema de amor anónimo. Dinastía XX del antiguo Egipto

Tan importante (y esclarecedor) como comprender el fenómeno es conocer el origen antropológico de este sentimiento, o al menos, intentar imaginar (o deducir) en qué momento de la historia de la raza humana surgió eso que llamamos «amor» y de qué manera lo interpretaron las principales sociedades del mundo clásico.

UNA PREHISTÓRICA HISTORIA DE AMOR

Imaginemos por unos instantes a nuestros antepasados de la Edad de Piedra. Entre veinticinco mil y diez mil años atrás, las sociedades abandonan su carácter cazador-recolector para empezar a asentarse y desarrollar la agricultura y la ganadería. Algunas teorías sostienen que, hasta ese momento, los emparejamientos se hacían en grupo, grandes familias en las que cada individuo se afanaba en extender su carga genética mediante la procreación y los bebés los cuidaban entre todos.

Sin embargo, todo cambió con el sedentarismo porque, con él, apareció por primera vez el concepto de propiedad privada. El cerebro se fue adaptando a esos cambios y empezó a ser de suma importancia para el hombre conocer quiénes eran sus descendientes. Aunque los pequeños asentamientos, dispersados por todo el globo, fueron evolucionando de diferentes maneras, puede decirse que en aquel momento nació la monogamia. Las razones fueron prácticas, aunque astutamente apoyadas por la naturaleza y la bioquímica cerebral, algo en lo que profundizaremos más adelante.

Pues bien, imaginemos que estamos en el Neolítico y observamos una pequeña sociedad. Se trata de un poblado que se ha asentado recientemente, en el que algunos muchachos y muchachas están a punto de alcanzar la edad adulta. En sus cuerpos comienza a despertar el deseo sexual, y sus hormonas se ponen en funcionamiento.

Pongamos que, en esta pequeña población agraria, hay una chica llamada Ki y un chico llamado Anu (no es sencillo imaginar los nombres que debían de tener nuestros ancestros por aquel entonces, así que he tomado prestados los de dioses sumerios, una de las civilizaciones más antiguas de las que quedan vestigios).

Por supuesto, hay otros chicos y otras chicas de edades similares en el poblado, pero nuestros protagonistas se han mirado discretamente durante unos minutos y se han gustado. En varias sociedades humanas se desarrollaron cortejos de apareamiento muy originales, algunos de los cuales todavía se practican en África o el Amazonas, así que, en función del lugar del mundo en que queramos situar a Anu y Ki, podríamos ver exóticas danzas, pinturas coloridas que cubren sus cuerpos o incluso una lucha entre varones para poder elegir esposa.

También debemos tener en cuenta que el hombre no siempre fue consciente de que formaba parte del fenómeno de la reproducción. Hubo un tiempo en que los individuos no veían relación alguna entre el coito y el embarazo y, quizá por esta razón, a las mujeres se las consideraba deidades, seres mágicos que eran capaces de crear vida en su interior. Si lo piensas y tratas de ponerte en su lugar, la fecundación debía de parecerles algo ordenado por los dioses y que escapaba a su control. Se adoraban figuras femeninas y la «madre tierra» se consideraba la diosa creadora de la vida. Esto cambió en cuanto el ser humano se dio cuenta de que el semen masculino era necesario para concebir un nuevo ser, y, a partir de ese momento, la evolución fluyó por otros caminos —recordemos que el objetivo primordial, marcado por la naturaleza, tanto para hombres como para mujeres, sigue siendo la procreación—.

Volvamos a nuestros jóvenes: se han gustado, se miran de reojo; ella sonríe y se atusa el pelo, él se yergue y parece más fuerte. Si les preguntáramos, no sabrían darnos razones concretas. A Ki tal vez le haya atraído la belleza del rostro de su nuevo amigo, además de su cuerpo fuerte y robusto, pero no se trata únicamente de algo estético. La hermosura es signo de buena salud (evidentemente, siempre que no haya pasado por las manos de un cirujano plástico) y el lenguaje de la belleza es la simetría.

Anu también se ha fijado en la belleza de Ki. Su subconsciente busca una hembra fértil, sana, fuerte y con una buena constitución que le pueda dar un descendiente capaz de perpetuar sus genes. La proporción entre cintura y cadera es decisiva para garantizar un desarrollo adecuado del feto. En aquellos tiempos la tasa de mortalidad era muy elevada, y tanto la madre como el bebé corrían un gran peligro durante el alumbramiento. Por eso es tan importante que la muchacha cuente con unas caderas anchas. La naturaleza ha dotado a Anu con un aparato reproductor completamente distinto del que posee su compañera. Mientras él produce decenas de millones de espermatozoides al día, ella solo cuenta con cuatrocientos óvulos para toda su vida. Se dice que los primeros son baratos de producir para la naturaleza y se rigen por la cantidad, mientras que los segundos son mucho más caros y se distinguen por su calidad.

Anu se ha sentido atraído por su cuerpo femenino tan lleno de curvas, aunque ignora que las razones que despiertan este deseo son puramente bioquímicas.

Ki está segura de que dará a luz un hermoso bebé si se empareja con Anu, pero hay otros elementos que también ha de tener en cuenta a la hora de escogerlo. En cuanto se quede embarazada, le esperan cuarenta semanas de gestación y, luego, un proceso relativamente largo para criar a su hijo hasta que se convierta en un chico saludable e inteligente que pueda perpetuar la especie.

Por esta razón un individuo de aspecto frágil o enfermizo no suele contemplarse como el compañero sexual ideal. Se cree que las féminas tienen un cerebro más preparado para centrarse en los detalles porque, para escoger a un buen varón, tenían que juzgar en función de lo que veían, y siempre con el mismo objetivo: lograr descendientes de la mejor calidad posible y contar con un apoyo firme y duradero para su crianza.

Por ello para la mujer no solo son determinantes los rasgos que indiquen un buen estado de salud, sino que también precisa tener ciertas garantías de que contará con «lo necesario» para garantizar la supervivencia de la prole. De ahí que aspectos como el poder o la habilidad para la caza, por ejemplo, entren también en juego.

En comparación con la mayoría de las especies, los humanos nacemos prematuramente. Una cría de ciervo es capaz de caminar a los pocos minutos de nacer; sin embargo, el ser humano nace con una insuficiencia biológica y su supervivencia depende de sus padres o, en su defecto, de otros adultos.

La razón de esta incoherencia biológica la encontramos precisamente en el cerebro, diseñado de tal manera que no puede completar su crecimiento dentro del vientre materno porque, además de que su tamaño no permitiría el nacimiento, el bebé necesita desenvolverse en un entorno social para que las distintas áreas cerebrales puedan desarrollarse correctamente. La madurez se va alcanzando de forma gradual, a medida que aprende de sus semejantes, de sus propias experiencias y del entorno que lo rodea. Un niño es incapaz de valerse por sí mismo durante sus primeros años de vida, y, por ese motivo, la naturaleza, tan sabia, dio con la fórmula ideal: el enamoramiento.

Volvamos a nuestra pareja prehistórica. Hasta este momento, todo han sido razones biológicas y reproductivas, de forma que este cortejo se parece más a una operación del departamento de fusiones y adquisiciones que a una posible relación de pareja. El amor, según decía Platón, es lo que da cohesión al mundo, y, llegados a este punto, esta definición tiene mucho sentido.

Anu ya siente el flechazo por Ki. Cuanto más la mira, más hermosa le parece. La decisión está tomada. Ya podemos dar por hecho que Anu y Ki acabarán juntos, al menos durante los próximos cuatro años. El tiempo que necesitamos para la gestación del bebé y para que llegue hasta los tres años, momento en que, si el padre desaparece, podrá ser cuidado sin problemas por la madre con la ayuda de otros miembros del clan. Y «casualmente» también es el tiempo estimado de duración de la primera fase del enamoramiento, la del flechazo de Cupido. Pero no te asustes, de ninguna manera quiero decir que el amor dure solo cuatro años y después se acabe para siempre, aunque sí es cierto que, para nuestra naturaleza más salvaje y primigenia, lo que hoy conocemos como enamoramiento tiene su razón de ser.

EL AMOR EN LA ANTIGÜEDAD

En el mundo entero, comenzando por épocas que se pierden en la memoria, el ser humano ha cantado por amor,

LA MONOGAMIA ANCESTRAL

Es falso afirmar que a las comunidades humanas primitivas no les interesase la monogamia debido a su instinto promiscuo. Si bien es cierto que, dependiendo de las circunstancias de cada grupo, eran más habituales las prácticas poligámicas, no podemos olvidar que en un régimen poligínico (donde ellas eligen) quizá haya un solo macho que se acabe apareando con todas, porque es el mejor y el más deseado. Los demás no podrán aparearse y se les acabará toda posibilidad de perpetuar sus genes mediante la descendencia. En un marco de estas características, es lógico que los propios machos prefirieran una sociedad monógama, porque al menos se asegurarían su propia pareja. De esta forma, empezaron a comprometerse en la relación, aportando algo más que su esperma. Y la hembra también salía favorecida ya que recibía la ayuda cotidiana de un cónyuge no compartido.

ha bailado por amor, se ha arriesgado por amor, ha escrito poemas por amor, ha matado por amor, ha vivido por amor y se ha sacrificado, por supuesto, por amor.

En una serie de estudios antropológicos que analizaron ciento setenta sociedades distintas, los investigadores no lograron encontrar ninguna en la que no estuviera presente el fenómeno del amor romántico, a pesar de los variados matices y diferencias que caracterizaban a cada una de estas sociedades. Sin embargo, existen ciertas particularidades —marcadas por tiempo y espacio— en la forma en que concebimos el amor.

Eros, o el deseo erótico

En la antigua Grecia, Platón bautizó esta emoción con la palabra *eros*, un vocablo que hoy evoca la unión carnal, la relación sexual. No obstante, la intención del filósofo griego iba más allá: hablaba del amor a la belleza, al ideal de plenitud espiritual, pero al mismo tiempo del anhelo del ser amado, del ser deseado. El *eros* es el deseo sexual, la necesidad de poseer al otro, la pasión desatada que no conoce fronteras y que puede llevar al ser humano a cometer locuras en su nombre. Nos carga de energía, nos llena de fuerza y no nos deja pensar con coherencia; y, aunque a veces duela, es algo necesario para nuestro cuerpo, para nuestra naturaleza. Una relación de pareja sana debe contar con su dosis de *eros* y deleitarse en su disfrute mientras evoluciona, o no, a estadios ulteriores.

Philia, o la fraternidad

Posteriormente, surgió la aportación de otro filósofo, Aristóteles, que introdujo el término *philia* para expresar el amor al grupo al que se pertenece, a los semejantes. De ahí proviene precisamente el concepto de afiliación y todos sus derivados. La *philia* es amistad, es lo que sentimos al estar rodeados de aquellos en quienes confiamos plenamente, aquellos con quienes la complicidad nos hermana. Puesto que es el sentimiento que caracteriza la conexión con nuestros mejores amigos, no se trata de un concepto que pertenezca exclusivamente al ámbito de la pareja, pero sí es un ingrediente que, combinado con el *eros*, resulta necesario para la creación de un vínculo estable en una relación afectiva.

Agapé, o el compromiso

Ya en el Imperio romano, los primeros cristianos dejan de lado los conceptos de *eros* y *philia* para centrarse en el término de origen griego *agapé*, junto a toda una declaración de intenciones asociada a él. La Real Academia Española, hoy en día, recoge la palabra *ágape*, con un cambio en la sílaba tónica, como sinónimo de banquete o comida fraternal, aunque en su origen representa al amor desinteresado, tierno y delicado. Carece de connotaciones eróticas y construye un amor benevolente, que nace como la entrega de uno mismo a sus ideales e incluso a sus dioses. En la relación de pareja, el *agapé* aparece en la última etapa del enamoramiento, cuando se crea un vínculo que nos une al ser amado, pero que no anula al *eros* ni a la *philia*. Más bien al contrario, los nutre y complementa.

Homosexualidad

En cuanto a la homosexualidad, se puede afirmar que en las culturas clásicas no solo la libertad era total, sino que además se llegó a considerar una práctica de moral más elevada que la relación heterosexual, la cual obedecía a los designios de la naturaleza y servía principalmente para procrear. Resultaba algo tan natural que ni siquiera se le daba nombre y tan aceptado que incluso se practicaba entre pupilo y maestro, lo cual finalmente dio origen a la palabra *pederastia*.[*]

---

[*] La pederastia, tal como se entendía en la antigua Grecia, significaba «amor de niño» y consistía en una relación entre un hombre mayor y un joven adolescente. En Atenas el primero se conocía como el *erastés*, y se encargaba de educar, proteger, amar y dar ejemplo a su amado. El pupilo era llamado *erómeno*, y retribuía a su mentor con belleza, juventud y compromiso. Hoy en día el término se asocia directamente con el abuso sexual cometido con niños.

Obviamente, tras dos milenios de evolución, se trata de un tema complejo y de difícil comprensión.

Y esto no solo sucedía en Grecia, sino también en la antigua Roma, donde se decía de Julio César que fue el hombre de todas las mujeres y la mujer de todos los hombres.

La historia de Psique y Cupido

Es posible que la palabra *eros* te haya transportado directamente a la mitología. Pues bien, estás en lo cierto: Eros en la antigua Grecia era el dios del amor, en especial del deseo. En el Imperio romano recibió el nombre de Cupido, y ambas civilizaciones se hicieron eco de la hermosa historia de amor que forma parte de su leyenda y vale la pena recordar.

Psique era una princesa humana de una belleza extraordinaria. Sus delicadas facciones, piel suave y medidas perfectas asustaban a cualquier pretendiente, por lo que la muchacha seguía siendo virgen y no se sentía muy feliz. Afrodita, que hervía de celos por su hermosura y por el hecho de que fuera alabada y adorada como icono de la belleza, urdió un plan para deshacerse de ella. Ordenó a su hijo Eros, dios del amor, que hechizara a la bella mortal con una de sus flechas para que se enamorase de algún hombre pobre y miserable. Eros, sin embargo, en cuanto la vio, se quedó tan impresionado de su belleza que se clavó su propia flecha, de modo que fue él mismo quien se quedó perdidamente enamorado de Psique.

El oráculo de Apolo, siguiendo las vengativas indicaciones de Afrodita, había ordenado que la joven fuera abandonada en un risco, vestida de luto y preparada para ser desposada con una bestia. Pero Eros tenía otros planes. El viento la depositó con suavidad frente a un palacio de oro, mármol y piedras preciosas, donde tenía a su disposición una multitud de sirvientes incorpóreos a los que solo podía oír, y ese lugar se convirtió en su hogar.

Al caer la noche, un misterioso ser la abrazó en la oscuridad y le explicó que él era el esposo para quien estaba destinada. Psique no conseguía ver sus rasgos, pero su voz era dulce y su conversación, llena de ternura. El matrimonio se consumó, pero, antes del amanecer, el extraño visitante desapareció tras hacerle prometer a su nueva esposa que jamás intentaría ver su rostro.

Psique se sentía feliz con el giro que había dado su vida, con las misteriosas veladas en que se reencontraba cada noche a ciegas con su esposo. Sin embargo, pronto echó algo en falta. Su familia la creía muerta y le pidió a su marido que dejase que fueran a verla sus hermanas. Él accedió, pero antes la alertó de su posible mala influencia y de la necesidad de que mantuviese la promesa de no tratar nunca de ver su rostro.

Cuando las hermanas visitaron el palacio, una insana envidia se apoderó de sus corazones. Aunque estaban casadas con reyes, veían sus propias vidas indignas al lado de lo que había conseguido su hermana menor, y cuando esta les confesó que no conocía el aspecto de su cónyuge, la convencieron de que en realidad se trataba de un terrorífico dragón o una horrible serpiente. La insegura Psique, ya embarazada de su amante invisible, preparó un candil y un cuchillo con la intención de iluminar la estancia durante la noche y cortarle la cabeza a la bestia. Sin embargo, cuando, ya sobre el lecho, el esposo se durmió y ella prendió la lámpara, se quedó fascinada ante la belleza del joven más hermoso del mundo, el dios del amor cuyas caprichosas flechas unen a personas dispares que jamás habrían imaginado acabar juntas. Su arco y sus flechas descansaban a los pies de la cama y, al tocarlo, se pinchó con una de las puntas, lo que le provocó un profundo enamoramiento de aquel magnífico hombre alado que tenía ante sus ojos. Por desgracia, a causa de la sorpresa, dejó caer una gota de aceite caliente sobre el hombro de Eros, que se despertó sobresaltado y, al descubrir la escena, se sintió indignado y traicionado y se marchó volando. Psique le suplicó que regresara, pero él no la podía perdonar. El palacio y el hermoso entorno en el que habían construido su peculiar vida desaparecieron, y la desdichada mujer empezó a vagar por la Tierra, en busca de su marido, dispuesta a recuperar su amor, aunque no sin antes protagonizar un episodio de venganza haciendo que sus hermanas se lanzaran por un acantilado al creer que, al haber sido Psique repudiada, serían desposadas con Eros.

Finalmente, se encontró con las diosas Deméter y Hera, quienes la alertaron de la furia de Afrodita, y ella misma decidió entregarse, aunque la diosa del amor ya había emprendido su búsqueda por todo el mundo, furiosa por los males que aquella mortal había ocasionado a su hijo.

En su encuentro, la iracunda suegra propuso una serie de pruebas a Psique, quien las fue completando con éxito, ayudada por las fuerzas de la naturaleza, como las hormigas, los juncos y una majestuosa águila. Como última tarea, se le encomendó entrar en los infiernos y hacer de mensajera de Afrodita para recoger un frasco de agua de la juventud que le entregaría la diosa Perséfone. Gracias a una solitaria torre parlanchina, la muchacha supo exactamente cómo entrar en el infierno, cómo atravesar el lago Estigia sin incidentes y cómo lograr su objetivo con éxito. Sin embargo, antes de regresar al punto de partida, quiso abrir el frasco y probar el deseado elixir. Una vez lo hubo abierto, lo encontró vacío, pero su osadía por haber desobedecido las órdenes de Afrodita, la dejó sumida en un profundo sueño.

Eros, ya repuesto de las heridas del aceite del candil que le habían dejado postrado en cama durante un tiempo (quizá debido también al dolor de su corazón roto y decepcionado), se conmovió con los esfuerzos de su infeliz esposa por recuperarlo. Nunca la había dejado de amar ni de proteger y ayudar a través de los seres de la naturaleza, así que fue en su busca y con un nuevo flechazo de amor le devolvió la vida. Después subió al Olimpo y le pidió a Zeus que arreglara el entuerto. Este aceptó y le otorgó a Psique la inmortalidad, además de unas alas de mariposa para que siempre pudieran volar juntos. Por fin celebraron unas auténticas bodas divinas, donde incluso la diosa Afrodita bailó y cantó hasta olvidar sus rencores.

Amor y ley

A pesar de ser machista y patriarcal, la romana fue una sociedad enamorada del amor en la que la pasión y el sexo estaban muy presentes. Practicaban todas sus variantes y ya existían la pornografía y los juguetes sexuales, e incluso hay pinturas en Pompeya que representan algún tipo de prácticas BDSM.*

Aunque en un principio el sentimiento amoroso se consideró como íntimamente ligado a lo sagrado, poco a poco se

---

* Siglas con las que denominar a un conjunto de prácticas eróticas. BD: bondage y disciplina, DS: dominación y sumisión, SM: sadismo y masoquismo.

fue instalando en la sociedad hasta el punto de encorsetarse en ritos, reglamentos e instituciones. El origen del matrimonio en nuestra cultura proviene directamente del derecho romano, aunque por entonces los ciudadanos se dividían en clases bien diferenciadas que definían sus privilegios legales. La mujer, por ejemplo, se situaba por debajo del hombre, con algunos derechos más que un esclavo o extranjero, pero ligada siempre a su padre o su marido.

Se cree que el origen de la celebración de las nupcias, a las que en la actualidad estamos tan acostumbrados, se empezó a practicar como una forma de liberar el trauma de la joven, que pasaba de la seguridad de su hogar a ser propiedad de un hombre al que quizá ni conocía. En Roma había tres formas de contraer matrimonio: de manera religiosa, mediante un rito de ofrenda a una divinidad; a través de un enlace civil, que recibía el nombre de *coemptio*, o mediante el «matrimonio natural», cuando la relación marital era aceptada como hábito y no había rituales de por medio. Esto último es algo similar a lo que hoy se conoce como pareja de hecho.

El matrimonio entre dos personas se veía como un medio ideal para que dos familias importantes unieran sus lazos, así como sus respectivos intereses económicos, de poder o prestigio social, aunque esto no era nada nuevo: ya tiempo atrás se seguía esta práctica con el objetivo de crear vínculos entre tribus con una función pacificadora. Y también se mantuvo muchos siglos después. Basta recordar la sistemática «entrega» de princesas entre monarquías durante el siglo XVII, como Ana de Austria o Isabel de Borbón.

EVOLUCIONANDO HACIA EL HOMBRE MODERNO: EL AMOR *ADEREZADO* CON CULTURA Y RELIGIÓN

Aunque ahora nos parezcan intrínsecamente unidos, hubo un tiempo en que el ser humano diferenciaba perfectamente entre amor y matrimonio. El primero podía ser pasión carnal y, según la cultura, practicarse casi como si fuera un deporte. El matrimonio, por el contrario, era más bien un contrato, una unión de clanes o familias que aseguraba la existencia de herederos. Al principio, el motivo era genético, pero, con la evolución de las civilizaciones, se sumaron también razones patrimoniales y de pervivencia del nombre (apellido) de la estirpe.

La Edad Media

El matrimonio siempre ha tenido carácter contractual; sin embargo, en otras épocas, el ser humano tuvo la capacidad de entenderlo de diferentes maneras. Durante la Edad Media se empezó a practicar lo que se conoce como «amor cortés», fomentado por los romances cantados por los juglares y que algunos siglos después viajaría hasta los libros de caballería que hicieron perder la cabeza al pobre don Quijote de la Mancha. Este amor cortés se introdujo en España mediante una «moda» muy curiosa que, como todo lo que se consideraba moderno en aquella época, venía de Francia: el cortejo.

El amor cortés

El término cortejo ha evolucionado con el paso del tiempo y, en la actualidad, se entiende como la acción de cortejar, seducir o engatusar a la persona que deseamos convertir en nuestra pareja. Sin embargo, en su origen este concepto hacía referencia al hombre, de origen francés, que se esforzaba en conquistar a una dama casada. Práctica que acabó por convertirse en algo parecido a una moda.

Y es que, según Charles Seignobos, el amor es una invención francesa que nació en el siglo XII. Por aquel entonces, en la región de Languedoc, al sur de Francia, los trovadores critican en sus composiciones los matrimonios de conveniencia y ensalzan aquellos que se han unido por amor, a pesar de ir en contra de las imposiciones sociales del momento, ajenos a las presiones familiares o económicas. Esta idea hace mella en la población; a lo largo del siglo XIII, aparecen los cantos de amor de los juglares y en el siglo siguiente surge el amor gentil, simbolizado por la *Divina comedia* de Dante.

Posteriormente, emergerá el amor caballeresco, el amor cortés. Se considera que este surgió a manos de Guillermo IX, duque de Aquitania, quien firmó los documentos más antiguos que se han encontrado al respecto. En ellos, se pueden observar tanto los elementos y las tramas como la concepción en sí del amor que posteriormente caracterizaría al amor cortés. Inicialmente el tono de estos poemas era altamente erótico, orientados a despertar la pasión carnal entre un hombre y una mujer. Sin embargo, a medida que la técnica se refinaba, esa relación entre ambos fue transformándose en amor, en una especie de juego secreto entre la dama y el caballero.

Estas composiciones poéticas, escritas en lenguas vernáculas como el occitano o lengua de oc, eran cantadas por los trovadores, que iban de pueblo en pueblo relatando musicalmente las bondades y desdichas del amor imposible entre una mujer casada y un caballero soltero. No es de extrañar que muchos matrimonios de la nobleza española se tambalearan tras la irrupción de la moda del cortejo. La imaginería colectiva llevaba mucho tiempo consumiendo estas historias en las que se repetían tramas y personajes, pero con ambientaciones y adornos distintos, para variar ligeramente las historias, aunque sin alejarse de aquello que el pueblo demandaba.

En resumen, en estas historias, un joven caballero, la mayoría de las veces célibe, se enamora perdidamente de una dama casada, mayor que él y de rango social similar o mayor. Ella parece ser siempre acreedora de una gran belleza, además de inteligente. También sabe seducir con su mirada y batir de pestañas a cualquier hombre que se proponga. Él, por el contrario, es un humilde vasallo que se empeña en conquistar a la dama con sus cualidades y no por la fuerza, como lo haría un plebeyo. Se rinde ante ella y deja en sus manos la decisión de aceptar o no la amistad y el amor que el caballero le brinda.

Hablamos de un amor ilícito, infiel, que sienta sus bases en la atracción física y en el deseo sexual. El espectador espera, intrigado, el desenlace de esta historia, siendo testigo de cómo el caballero no pierde interés en la aventura, a pesar del gran reto que le supondrá ese trofeo, puesto que la dama desde el principio pertenece a otro hombre, a su señor precisamente. Ninguno de los dos se plantea el matrimonio como objetivo, más bien buscan la consumación del deseo, un clandestino encuentro sexual para el que tendrán que urdir todo tipo de estratagemas. Los trovadores no acababan de satisfacer esta curiosidad en el espectador, puesto que se valían de descripciones con doble significado y cada cual debía hacer sus propias conjeturas.

Curiosamente, también existía un lado del amor cortés que resultaba más impalpable y espiritual, el amor platónico. En este caso, la mujer seguía siendo atractiva, deseable y poderosa, pero todo se enmarcaba en la imaginación de ambos, como en un juego. Por tanto, primaba la razón frente a los sentimientos, a pesar de que sí podía llegar a existir cierta relación de aprendizaje, ya que la dama convertía al caballero en mejor persona y lo ayudaba a cultivar virtudes como la paciencia, la contención o el dominio.

El cortejo en España

Cuando esta imaginería traspasó las fronteras pirenaicas hasta llegar a España, adoptó la forma del cortejo, nombre que recibe, además de la acción de cortejar, el protagonista de estas peculiares relaciones que tanto contentaron a las damas de la nobleza (en la lengua castellana actual correspondería a cortejador).

Este hombre joven, de origen francés, llegaba a un curioso acuerdo para llevar a cabo este peculiar triángulo amoroso. Su objetivo era hacerse un hueco entre la sociedad aristocrática española, de modo que se convertía en el fiel acompañante de una dama, ya casada, con una serie de obligaciones que satisfacer. Entre otras tareas, debía llevarla a todo tipo de espectáculos, pasatiempos y eventos (corriendo él con los gastos); comprarle regalos; asesorarla en cuestiones de moda; comer y cenar con ella para que, en ausencia de su marido, no se sintiera sola, y mantener con ella conversaciones ilustradas que ampliasen sus conocimientos.

Mediante esta extraña relación se trataba de que todos salieran ganando: el cortejo, porque se da a conocer en círculos exclusivos a los que no habría podido acceder de otra forma; la dama, porque recibe regalos, asiste a todo tipo de fiestas y celebraciones y no tiene tiempo para aburrirse, y el marido, porque se ahorra el coste de las salidas y de los presentes, y además dispone de más tiempo libre porque no se ve obligado a acompañar a su señora a tediosas reuniones sociales.

Sin embargo, a pesar de que una de las obligaciones del cortejo era llegar temprano a la casa de la dama para asistirla en su arreglo personal, la única prohibición que existía entre ambos era el contacto físico, la relación sexual, ya que su unión debía ser únicamente espiritual. Hoy en día nos puede resultar extraño que el marido se pudiese desentender de su esposa solamente con la promesa de ambos de que ningún tipo de acercamiento erótico tendría lugar, pero existe una razón para ello. Por aquel entonces, a los nacidos en la nobleza se les atribuía la virtud de la honorabilidad, y si daban su palabra, nadie dudaba de que la mantendrían.

Se trataba de una regla de caballería, de una cuestión de cortesía y nobleza y vasallajes, así como de ofrecer un servicio desinteresado, lo que inducía a las clases altas a imponerlo como código de conducta. El cortejo llegó incluso a modificar las reglas de comportamiento y del amor, de la visión de la mujer hasta la llegada del Renacimiento (momento en que mejorarían sus condiciones y recibirían un trato más respetuoso en la vida real, a la altura de lo que ya llevaba siglos cantándose en los poemas).

Este extraño equilibrio no duró mucho. Muy pronto, las señoras de la burguesía también quisieron tener sus propios cortejos, ya que hasta entonces había sido algo exclusivo de la nobleza. Fue entonces cuando surgió la figura del petimetre,[*] que era el mismo tipo de galán, pero esta vez español, aunque con maneras afrancesadas, y ganas de dejarse ver con alguna dama. Llegados a este punto, el asunto se les fue de las manos, ya que a aquellos que no procedían de noble familia no se los consideraba con el honor suficiente para mantener la promesa de la castidad, y las infidelidades empezaron a multiplicarse peligrosamente.

Amor inmortal en el Medievo

A principios del siglo XIV tuvo lugar una de las historias de amor más intensas y, al mismo tiempo, espeluznantes, de nuestra era. El príncipe Pedro, heredero de la Corona de Portugal, estaba destinado, según los deseos de ambas familias, a contraer matrimonio con una princesa del Reino de Castilla, llamada Constanza. El enlace se llevó a cabo según los deseos de su padre, el rey Alfonso IV. Se realizó por poderes, como tantos en aquella época, y cuando por fin ella se trasladó a Lisboa con la correspondiente comitiva nupcial, para encontrarse con su marido y llevar a cabo la ceremonia religiosa, el príncipe se quedó deslumbrado, hechizado de amor, pero no hacia su nueva esposa, sino hacia la mujer que permanecía a su lado, la bellísima doña Inés, una noble gallega que se había criado junto a la infanta Constanza como su dama de compañía.

El amor que nació entre ambos fue escandaloso e intenso desde el primer momento. Para nadie en la corte era desconocido y a pesar de que el príncipe estaba obligado a

---

* El término *petimetre* viene del francés *petit maître*, 'señorito'.

concebir su descendencia con la princesa, no pensaba renunciar al amor que sentía por doña Inés. Sin embargo, cuando el rey consideró que aquello ya no era sostenible, decidió separar a los amantes y la desterró de Portugal, esperando que la lejanía apagara la locura de amor de su hijo y este decidiera centrarse en su esposa para darle un heredero. Doña Inés se instaló en un castillo cerca de la frontera, mientras su amante buscaba la forma de que pudieran volver a estar juntos.

La ocasión llegó cuando la desdichada princesa Constanza murió al dar a luz al infante Fernando. Una vez viudo, su unión resultaba menos escandalosa así que rescató a su querida Inés del exilio y fueron a vivir a Coímbra, a una finca ajardinada que, después de los trágicos acontecimientos, sería bautizada como Quinta das Lágrimas. Esta pareja nacida de la infidelidad pudo ser feliz allí durante unos diez años, tiempo en el que cuatro hijos fueron concebidos en nombre del amor. Y precisamente este fue uno de los hechos que desencadenaron el desenlace.

El rey Alfonso IV, que había insistido todo ese tiempo en que Pedro contrajera de nuevo matrimonio con una princesa, veía la fragilidad del único hijo legítimo de su unión con Constanza y le llegaban noticias acerca de aquellos hijos bastardos, robustos y llenos de energía, lo que le inducía a pensar que, una vez adultos, podrían desestabilizar el reinado reclamando el trono. Esa posibilidad era inadmisible, así que, reunido con su corte, se dio la orden de asesinar a doña Inés. Dicen las crónicas que esta se presentó ante el rey Alfonso con sus cuatro hijos y este le comunicó su sentencia de muerte. La gallega creyó haberlo disuadido, pero no fue así, puesto que tres cortesanos enviados por el monarca se presentaron en su finca el 7 de enero de 1355 y la degollaron delante de sus pequeños.

Pedro enloqueció y comenzó a planear su venganza. Uniéndose a una facción de la nobleza, lideró una revuelta contra el rey, que solo fue aplacada cuando su propia madre, la reina Beatriz, medió entre ambos. La guerra se calmó, pero el plan de Pedro no había finalizado. Al cabo de unos meses falleció Alfonso IV y por fin, cuando fue coronado, el ahora monarca tenía a su alcance dar caza a los asesinos de su esposa. Pudieron atrapar a dos de ellos, que fueron sentenciados a una muerte horrible. Se les arrancó el corazón, pero seguía sin ser suficiente para aplacar la ira del rey Pedro I por haberle arrebatado a su amada Inés, así que, como una última humillación para los ejecutados, mordió sus corazones, una forma de decir que siempre estarían malditos.

Por fin, en presencia de la corte, declaró que había contraído matrimonio en secreto con doña Inés, por lo que ella asumía el título de reina y sus hijos dejaban de ser considerados bastardos. Ordenó la construcción de un hermoso túmulo funerario en el monasterio de Alcobaça y hasta allí se trasladaron sus restos. No se hizo de una manera discreta. Se dispuso toda una comitiva, enlutada según protocolo y encabezada por el rey, a quien acompañaban nobles, prelados y cortesanos. En cuanto llegaron a su destino, el cadáver de la reina fue colocado en un trono, engalanado con las mejores vestimentas, listo para recibir a sus súbditos, quienes debían besar su mano como muestra de fidelidad y vasallaje.

Tras el macabro desfile, que tanto marcó aquella época hasta convertirse en leyenda, el cuerpo descompuesto de doña Inés fue depositado en su sarcófago de piedra tallada.

Sin embargo, no iba a estar sola mucho tiempo. El rey encargó otro túmulo similar, colocado frente al primero, para que, cuando llegase el día del juicio final y sus almas despertasen, se encontrasen cara a cara al incorporarse de su sueño mortal, para pasar juntos toda la eternidad. Siete años después de la coronación póstuma de Inés, a su amado Pedro le llegó la hora y fue colocado en su sarcófago correspondiente. Hoy en día siguen en su lugar, esperando pacientes la llegada del apocalipsis cristiano para poder reencontrarse y unirse con un amor apasionado que nació de la más incontrolable infidelidad.

Siglos XIX y XX: de la involución a la revolución

Factores religiosos vinculados a la política, que enarbolaba la dudosa bandera de la moralidad, se esforzaron por construir una sociedad que se creía piadosa y ejemplo del buen cristianismo. Con sus sermones, educación, normas de urbanidad y una colección de publicaciones con títulos como *Guía de la buena esposa*, las generaciones de esta época crecieron sin una información sana y adecuada en materia de sexo, lo que los convirtió en individuos inseguros, pudorosos y con muchos escrúpulos sobre las relaciones íntimas. El divorcio no existía, los matrimonios civiles tampoco y, bajo la Ley de Vagos y Maleantes o la Ley de Peligrosidad, la homosexualidad se contemplaba como un delito y era perseguida.

En el caso de la dictadura española, esta represión sexual estuvo siempre vinculada a una profunda doctrina religiosa, pero son muchos los países que han vivido etapas parecidas a lo largo de la historia. En el mundo anglosajón, la imposición de este tipo de moralidad se originó durante el reinado de Victoria de Inglaterra y su esposo Alberto, entre 1837 y 1901, y se caracterizó por la implantación de unos estrictos valores morales, una fuerte represión sexual y una baja tolerancia frente al crimen. La homosexualidad femenina ni siquiera se contemplaba como una realidad, y la masculina, considerada ilegal, se perseguía. Y, debido al alcance del Imperio británico con su Commonwealth, estos represivos valores victorianos se expandieron por una buena parte del planeta.

La obsesión neurótica por ocultar toda referencia sexual era tan extrema que, según se dice, se tapaban las patas de los pianos y de las mesas para que esas formas vagamente fálicas no inspiraran ni el más mínimo grado de excitación sexual entre las damas, y se empleaba el término *limb*, 'extremidad' para no recurrir a *leg*, 'pierna'.

De forma muy similar a lo vivido en España durante la dictadura de Franco, a las mujeres se les enseñaba a no dar pie a acercamientos sexuales ni a ceder ante fantasías, pero, al mismo tiempo, se esperaba que complacieran a su esposo con devota sumisión. Debían servir a su familia, comportarse como buenas cristianas y ser conscientes de que el éxito social del hombre dependía en buena medida de la pasividad y castidad de su esposa, de la que, además, se daba por hecho que no tenía ningún tipo de necesidades sexuales.

Sin embargo, nuestra civilización también ha pasado por momentos en los que, al menos para una parte de la población, el amor se impuso con fuerza sobre otro tipo de necesidades. Con la llegada del *Flower Power*, la liberación sexual y el lema *Peace and Love*, los seres humanos exteriorizamos nuestro profundo anhelo espiritual de amor. Esta inquietud, vinculada a un movimiento social que rechazaba la guerra y la violencia, vino propiciada por el derrumbamiento de anteriores estructuras sociales que nos proporcionaban lazos íntimos con amigos, familia y amantes. Unas estructuras a las que nuestro cerebro ya se había acostumbrado durante miles y miles de años. Evolucionamos como especie para criar y cuidar a los más jóvenes, para amarnos y depender los unos de los otros. Nuestra naturaleza, construida a lo largo de los siglos, nos pide estructurarnos en unidades sociales y familiares.

Antiguamente, los más ancianos, aquellos que ya no podían cazar ni recolectar, cuidaban de los niños. Luego, por la noche, tal vez frente a una hoguera, les hablaban de su herencia y de la vida. Esta clase de estructura familiar hoy en día solo se observa en culturas primitivas y en algunas regiones de Oriente Próximo, Asia, África y el Amazonas. Y dado que cada vez son más las personas que se quedan solteras o deciden vivir solas, la diferencia cultural con esos esquemas milenarios se hace cada vez mayor. Durante siglos las sociedades se han estructurado para que los dos miembros de una pareja se unan con un objetivo común. Sin embargo, el mundo que vivimos parece estar creando cada vez más distancia entre los individuos. La erosión de la estructura familiar básica, aquella heredada de nuestros antepasados, nos ha llevado a situaciones complicadas, como niños que crecen lejos de sus padres y sumidos en un inconmensurable caos emocional.

En la actualidad el concepto del matrimonio sigue siendo rígido en algunos sentidos, aunque al mismo tiempo ha evolucionado de forma asombrosa. Las barreras morales de antaño han ido cayendo, y en la actualidad un emparejamiento que antes podía considerarse escandaloso a causa de la diferencia de edad o raza, o por tratarse de individuos del mismo sexo, es algo natural y aceptado. Aunque sigue habiendo mentes cuadriculadas y países intolerantes, en general nuestra sociedad da pasos de gigante hacia una aceptación plena de aquello que antes se consideraba inconcebible. Las personas pueden casarse dos, tres o incluso más veces a lo largo de su vida, y no es algo fuera de lo común.

Sin embargo, a pesar de esta diversidad, hay algo que todos estos emparejamientos actuales —excepciones puntuales aparte— tienen en común: la monogamia. Esta sigue siendo la forma de unión preferida, aunque teniendo en cuenta los diferentes matices, como lo es la monogamia discontinua o la existencia de periodos de infidelidad a lo largo de una relación estable.

EL AMOR EN EL MUNDO

*Cuando el ojo no está bloqueado, el resultado es la visión; cuando
la mente no está bloqueada, el resultado es la sabiduría, y
cuando el espíritu no está bloqueado, el resultado es el amor.*

Proverbio chino

Al referirnos al amor, observamos que existen notables
diferencias culturales. En China, el ideograma que representa esta palabra recibe el nombre de *Ai*, y esa es la traducción equivalente al término *amor* de nuestra cultura. Sin
embargo, si lo analizamos conceptualmente, encontramos
una diferencia abismal. Este ideograma está formado por
tres conceptos que, ordenados de arriba abajo, son *tejado*,
mano y *amistad*. Se trata de un complejo semántico que nos
ofrece la imagen de *una amistad que está dentro de una casa, protegida por una mano.*

Para la cultura occidental tal vez no es una idea de fácil
comprensión, pero en una cultura en la que el estado ideal se
relaciona con un *chi*, o centro de energía, en perfecta armonía, sí lo es. Por esa razón consideran que el amor pasional es

temible, puesto que nos excita, altera y empuja a cometer locuras en su nombre. Se ha de huir de él para no desequilibrar la paz interior. Además, tradicionalmente en esta cultura, hablar de las emociones, de lo que uno siente, es inadmisible porque se considera una muestra de egoísmo. Por ejemplo, expresar compasión por otro se interpreta como un signo de mala educación.

Un sondeo reciente llevado a cabo por una página web china mostró que la gran mayoría de los padres jamás les decían «te quiero» a sus hijos, a pesar de que lo expresaran con otros gestos y detalles. En 2014, un programa de televisión estadounidense fue más allá y realizó un experimento con estudiantes asiáticos que no habían nacido en América. Debían llamar por teléfono a sus padres para decirles un sencillo «os quiero», y las reacciones fueron asombrosas. La mayoría de ellos lo tomaron como una broma. Algunos incluso pensaron que su hijo estaba borracho o su hija embarazada, o que necesitaba dinero o les tomaba el pelo. Pocos fueron los que reaccionaron con cariño, pero para ellos la sorpresa fue emocionante y las conversaciones se tornaron conmovedoras.

En la antigua Grecia el pensamiento era el opuesto al de Extremo Oriente. Mientras que en China y Japón se afanan por mantener en equilibrio su núcleo incorpóreo, su *chi*, alejando el amor puro de las pasiones incontroladas, los griegos buscaban el éxtasis, el deleite y la experiencia catártica.

Sin embargo, siendo dos maneras de entender la vida tan distintas, llama la atención que compartan un importante rasgo que las diferencia de la cultura occidental actual: en ambas se concibe el amor como una conducta, no como sentimiento.

AMOR DE MIL COLORES

En la India, el término *amor* se corresponde con la raíz *prem*, aunque esta irá acompañada de una serie de sufijos y prefijos distintos en función de si se trata de amor carnal o amor espiritual, como el que inspiran los antepasados o los dioses. En hindi, la lengua mayoritaria de este país, no tiene sentido emplear *prem* por sí solo, sin especificar a qué tipo de amor nos estamos refiriendo.

Por otra parte, en Occidente también encontramos grandes diferencias entre la cultura francófona, la germánica y la latina. En francés y castellano mezclamos, confundimos e intercambiamos los términos de una forma que puede resultar desconcertante para personas de otras culturas. Para nosotros decir «te quiero» es casi sinónimo de «te amo», y los matices entre ambos verbos son más poéticos que literales. He de aclarar que me estoy refiriendo al castellano hablado en España, porque en Latinoamérica el matiz semántico es muy claro y se trata de dos usos bien diferenciados.

Pero no hace falta ir muy lejos para encontrarnos con una diferencia interesante en otra lengua. En catalán, por ejemplo, la diferencia entre *voler*, 'querer', y *estimar*, 'amar', está perfectamente definida. En una conversación romántica fácilmente podremos oír *t'estimo*, pero nunca *te vull,* ya que este verbo expresa deseo en el sentido material, no hacia la persona amada.

TAN IGUALES, TAN DISTINTOS

Estas disimilitudes culturales, por sutiles que sean, pueden dar lugar a grandes malentendidos. Cuando estalló la Segunda Guerra Mundial, la antropóloga estadounidense

Margaret Mead se encontraba trabajando en el Reino Unido para el Ministerio de Información británico. Poco después, con la entrada de Estados Unidos en el conflicto armado, esta investigadora decidió aprovechar la oportunidad que se le presentaba con la llegada de cientos de miles de soldados estadounidenses a Inglaterra, un país culturalmente distinto, para llevar a cabo un peculiar estudio. Junto a otros elementos, los antropólogos analizaron la conducta de apareamiento entre estos estadounidenses y las mujeres inglesas. Estas acusaban a los soldados de ser muy directos en todo lo referente al sexo. Al principio, consideraron que cabría esperar algo así de hombres jóvenes en esa situación, pero, curiosamente, ellos dijeron lo mismo de las inglesas.

Tras trabajar para clarificar esta contradicción, llegaron a la conclusión de que, en ambos entornos culturales, la conducta de apareamiento evoluciona a través de una serie de treinta fases diferenciadas, que empieza con el primer contacto visual hasta llegar a la consumación sexual. Pues bien, el detalle que causó los malentendidos fue que el orden de estas treinta fases era diferente para cada cultura. Por ejemplo, los besos aparecen relativamente pronto en la conducta de apareamiento de los estadounidenses; para ellos, son inofensivos y no representan un signo importante de compromiso. Sin embargo, los ingleses le confieren un significado bastante erótico y aparecen en un estadio más tardío. Podría decirse que, para los estadounidenses, los besos vienen en la fase cinco, mientras que en la cultura inglesa no aparecen hasta la veinticinco. Así que la confusión estaba servida. Si el soldado considera que ha llegado el momento de besar a su nueva amiga, ella interpretará el comportamiento como inadecuado para la fase temprana de la relación, por lo que lo considerará un desvergonzado. De modo que se ve confrontada a un dilema y tendrá que elegir entre huir, como una buena chica fiel a su manera de comprender el mundo, o, por el contrario, dejarse llevar, dar por superadas las fases que quedaban y pensar que el paso siguiente es empezar a quitarse la ropa. Ante esta segunda alternativa, el soldado se halla entonces frente a un comportamiento inesperado que, aunque también decida dejarse llevar, considerará abiertamente promiscuo.

LAS EMOCIONES PRIMIGENIAS

Varios estudios antropológicos que han analizado durante años los impulsos emocionales básicos humanos a través del análisis de individuos de veintiséis culturas distintas han arrojado unos resultados muy interesantes. El objetivo de estas investigaciones consistía en aislar las emociones de sus connotaciones culturales adquiridas y destilar el sentimiento de forma conceptual, siguiendo la línea marcada por Anna Wierzbicka al definir los *primitivos semánticos*. Como su nombre indica, estos se basan en el lenguaje primigenio, ajeno a cualquier idioma y cultura que el ser humano se haya visto en la necesidad de aprender para expresarse mínimamente. Por ejemplo, el orden en los sustantivos básicos es *yo*, *tú*, *alguien*, *gente/persona* y *algo*, mientras que *pensar*, *saber*, *querer*, *sentir*, *ver* y *oír* serían los verbos empleados por nuestra naturaleza más primigenia.

A través de este estudio, el grupo de antropólogos dio con siete impulsos emocionales básicos, comunes en todas las culturas del planeta. Al nacer, ya contamos con dos de estas emociones, la **rabia/ira** y el **gozo**, las cuales constituyen la única forma que tiene un bebé recién nacido de expresar sus necesidades. A partir de los dos años, aparece el **miedo**. En esa fase, el niño comienza a temer no volver a ver a su mamá nunca más cada vez que se aleja de ella. La **tristeza** llega a nuestras vidas entre los tres y los cuatro años. Después, irrumpe el **asombro**, una respuesta emocional maravillosa que, por desgracia, vamos perdiendo con la edad. Ya en la adolescencia, descubrimos el **orgasmo sexual**, que constituye en sí mismo uno de los *primitivos emocionales* básicos, y, para acabar, existe un séptimo impulso que se ha llamado **éxtasis trascendente**. No todos los seres humanos llegaremos a experimentar esta última emoción primigenia, pero quienes lo han vivido lo conocen también como nirvana o iluminación espiritual.

Probablemente eches en falta algunas emociones más, como la admiración, la vergüenza, el deseo, el orgullo, la confianza o el aburrimiento, y quizá te sorprenda saber que hay culturas que no conocen, ni nunca conocieron, algunas de estas emociones. Nosotros las podemos percibir con toda su intensidad. Si cerramos los ojos y tratamos de experimentar cada una de ellas, no encontramos nada que nos lleve a pensar que han sido construidas socialmente; sin embargo, así es. Por ejemplo, para un gallego, la *morriña* es una emoción básica, definida y experimentada con frecuencia. No obstante, en nuestra lengua no tiene una traducción exacta. Para transmitir su significado nos vemos obligados a hacer uso de una frase en la que podamos explicar que se trata de una añoranza a tu tierra y tu gente, acompañada de cierta melancolía por estar alejado de ellos, y ni siquiera así estaremos definiendo el concepto con exactitud.

Otro caso curioso es que para muchas culturas, entre otras la anglosajona, no existe lo que aquí llamamos *vergüenza ajena*. No conciben que una persona pueda sentirse avergonzada por el hecho de observar que uno de sus semejantes queda en ridículo o pasa por una experiencia bochornosa. No obstante, para nosotros es algo muy habitual y que podemos experimentar fácilmente con solo encender la televisión y ver algún *reality*. En Inglaterra, si necesitan referirse a este «exótico» concepto, utilizan la expresión *Spanish shame* (vergüenza española).

Entonces, si el amor no es una respuesta emocional básica, ¿qué es? Para los antropólogos, el amor es una forma de conducta relacional basada en el reconocimiento del otro hasta el punto de reconocerme a mí mismo a través de la relación que tengo con esa persona.

ESCLAVOS DE LA BIOLOGÍA

*El amor es solo una broma pesada que se nos juega
para asegurar la continuidad de la especie.*

W. Somerset Maugham

El amor en nuestra especie ha existido siempre, pero su comprensión y su forma de vivirlo han variado considerablemente en función de la sociedad. Los griegos, como he comentado en páginas anteriores, consideraban que el amor daba cohesión a las cosas y que formaba parte de las fuerzas constitutivas del mundo, como uno más de los elementos, aunque incorpóreo.

Responsabilizaron de su existencia al dios Eros (Cupido para los romanos), a quien se le representa ciego o con un pañuelo que tapa sus ojos, debido a lo caprichosa que puede llegar a ser esa fuerza que, en su nombre, ha desatado todo tipo de locuras. Nuestros ancestros en la Grecia clásica no lo contemplaban como un sentimiento nacido del individuo que lo experimentaba, sino que consideraban que su existencia obedecía al deseo de los dioses, quienes controlaban esa magia que hace que te sientas automáticamente atraído por alguien que acabas de conocer. Sócrates, por su parte, sostenía que los mayores logros del ser humano los lleva a cabo en ese estado de locura genial, dirigido por los dioses, que llamamos amor.

Hubieron de transcurrir siglos hasta que el ser humano asimiló la idea de su propia individualidad, lo cual supuso un cambio drástico en la respuesta a ciertos interrogantes, como quiénes somos y qué hacemos aquí. Como cualquier especie, el objetivo principal no era otro que el de reproducirse para perdurar en el tiempo y transmitir a nuestros descendientes la carga genética recibida de nuestros antepasados. Por esta razón, la naturaleza ha tenido que ingeniárselas para asegurar la permanencia de la especie, utilizando para ello una serie de elementos que conviene conocer. De esa manera, descubriremos que las interacciones o los choques con nuestra pareja tienen, en su contexto, una base completamente lógica, aunque nos pueda resultar fuera de lugar.

La vida nació hace aproximadamente unos cuatro mil millones de años,[*] aunque la célula no avanzó hacia un sistema de diferenciación sexual hasta mil trescientos años después. Nuestra especie lleva cien mil años de evolución. Hace unos veinte mil o treinta mil que en nuestro cerebro comenzó a surgir la capacidad de crear metáforas, lo que abrió las puertas al arte y la religión, aunque en estados muy primigenios. Sin embargo, llevamos solo cuatro mil años de cultura,

---

[*] Es un tema controvertido y en continua revisión, pero, según la mayoría de los investigadores, todo parece indicar que este sería el dato aproximativo más ajustado.

una cantidad de tiempo minúscula si la comparamos con el de la existencia de nuestro planeta. Habitamos un mundo que avanza a pasos de gigante, mientras que nuestra especie necesita varias generaciones para que un pequeño cambio evolutivo se haga visible. Poseemos un cuerpo y un cerebro que se han ido adaptando a lo largo de los siglos con el único objetivo de sobrevivir.

Esta es la premisa para la que, como seres vivos, estamos programados desde el nacimiento de lo que los paleobiólogos han bautizado como LUCA, o *Last Universal Common Ancestor*, el último ancestro común universal.

LUCA fue un organismo unicelular que vivió hace unos cuatro mil millones de años, con una pared circular y una cadena de ADN o ARN que contenía un código genético basado en proteínas, no muy distinto a las actuales bacterias. Todos los seres vivos del planeta provienen de ese mismo microorganismo. Da un poco de vértigo pensarlo por lo inmensa que se hace la evolución cuando la observamos desde nuestra visión cultural. Se cree que LUCA no fue la primera célula, pero sí aquella cuya descendencia sobrevivió y se expandió, primero por los océanos y, después, dando el salto hacia la superficie terrestre.

Estos trucos de la biología para que nuestra especie sobreviva llevan siglos desarrollándose, y, cuando llegamos al Neolítico, que es donde se sitúan las vidas de Anu y Ki, el camino recorrido es ya inmenso.

Unos ochocientos mil años atrás, uno de nuestros ancestros más lejanos, el *Australopithecus*, puede que todavía viviera en cuevas y comiera carne cruda, pero sus relaciones ya respondían a un sistema de monogamia sucesiva. Las hipótesis consideran que las parejas no debían de durar más de unos cuatro años, lo justo para criar entre ambos al pequeño retoño, pero sus cuerpos ya habían evolucionado de tal forma que las relaciones sexuales solían consumarse con la postura que hoy llamamos «el misionero», mirándose a los ojos, con una conexión que favorece el vínculo afectivo y el apego. Ya eran completamente bípedos, y cuando la fuerza de la gravedad amenazó con disminuir la probabilidad de fecundación (al ponerse en pie en cuanto acababa el acto sexual), la naturaleza tuvo una idea maravillosa e inventó el orgasmo. Gracias a este fenómeno, la mujer se ve embargada por una leve sensación de cansancio y cierta somnolencia que fuerza un breve reposo poscoital de unos minutos, el tiempo necesario para permitir el avance de los espermatozoides a lo largo del cuello uterino.

Volviendo a nuestra pareja neolítica, en el momento en que se produce la unión carnal, damos las nupcias por consumadas. Evidentemente, por aquel entonces no se utilizaba este léxico; en realidad, el matrimonio en sí no es más que un nuevo rasgo cultural que hay quien considera completamente opuesto a nuestra naturaleza.

LA LLAMADA DE LA NATURALEZA

Las costumbres que la biología y, después, la sociedad nos marcan respecto al sexo y al enamoramiento siguen un ciclo similar: en la infancia se crean los cimientos de la expresión afectiva y, posteriormente, erótica. Primero, mediante el contacto con la piel de la madre y después, a través de la autoexploración.

Más tarde, con el intenso despertar hormonal de la adolescencia, surge la iniciación al sexo. Según la Federación Española de Sociedades de Sexología, más de dos tercios de las personas practican sexo entre los diecisiete y los veinte años.

Al cumplir los veinte, empezamos a sentir la necesidad de hallar una pareja. Durante esa etapa se suelen vivir grandes e intensos amores, aunque es poco probable que esas parejas permanezcan juntas mucho tiempo.

El momento para el emparejamiento reproductivo llega entre los veinticinco y los treinta y cinco años. Se trata de una etapa interesante, aunque también contradictoria, en la que la felicidad que experimentamos por la llegada de los hijos se mezcla con el agotamiento físico y psicológico provocado por esa misma razón. Llegado ese punto, puede aparecer algún episodio de infidelidad.

Superada la etapa de crianza de los hijos, se abre una larga fase de desarrollo afectivo en la que las satisfacciones se entremezclan con las frustraciones. El ímpetu sexual puede descender considerablemente en estos momentos, y esa apatía a veces conlleva algunos riesgos, porque, aunque el sexo no es suficiente para mantener el vínculo en la pareja, sin relaciones sexuales la situación pierde gran parte de su sentido.

SELECCIÓN SEXUAL

Inicialmente en nuestro planeta no existían dos sexos diferenciados y las células se reproducían mediante la clonación. Costó cientos de miles de años dar ese paso, y cuando la naturaleza separó los seres según una determinada especialización en el fenómeno de la concepción (complementarios y necesarios ambos para crear vida), se instauraron diferentes estrategias de reproducción. Es muy distinta la aportación que machos y hembras hacen al respecto. Ellas cuentan con un sistema más *costoso* para la naturaleza, que se resume en la elaboración de unos cuatrocientos óvulos a lo largo de toda una vida fértil, mientras que ellos pueden fabricar miles y miles de espermatozoides al día. Debido a esta peculiar asimetría, ya desde los orígenes de nuestro mundo cada uno de estos sexos —que se necesitan mutuamente para crear el milagro de la vida— ha ido evolucionando de una forma particular, sin dejar de ser complementarios.

La naturaleza empuja a las hembras a ser más selectivas y a tomarse de otra manera el asunto de la reproducción, mientras que la biología del macho lo insta a maximizar el número de parejas con las que aparearse, para esparcir su semilla todo lo posible.

Las hembras escogen en función de las señales que los machos emiten, las cuales son indicadores de su calidad genética, así como de su aptitud para legar esos atributos tan atractivos a los descendientes de sexo masculino, lo que les facilitará el éxito entre las señoritas de la siguiente generación.

El fin primordial de todas las especies es reproducirse, perpetuarse, legar sus genes. Para lograrlo cada ser vivo invierte mucho tiempo y energía (algunos más que otros, ya que existen criaturas asexuales, como las esponjas marinas, que no necesitan de este fenómeno para concebir a un nuevo individuo) y dicho esfuerzo ha de valer la pena.

Los colores de la seducción

Al observar la espectacular cola del pavo real, colorida y majestuosa pero absolutamente inútil en cuanto a lo que se refiere a supervivencia —no le hace más rápido ni más eficaz para enfrentarse a los depredadores, más bien todo lo contrario—, Charles Darwin se preguntaba qué sentido podría tener semejante atributo desde el punto de vista evolutivo.

Se devanó los sesos hasta dar con una explicación satisfactoria, puesto que la teoría de la selección natural, expuesta en su obra *El origen de las especies*, no servía para explicar ese fenómeno. Quedaba claro que la cola resulta llamativa para las hembras de su especie, pero también para los depredadores, y además es un atributo tremendamente aparatoso que entorpece los movimientos de huida y que compromete, por tanto, la supervivencia. Era obvio que esta pieza no encajaba en su teoría —la naturaleza no debería estar perpetuando unos rasgos que no contribuyen en la fuerza y perdurabilidad del individuo, y menos todavía si dichos rasgos le pueden encaminar a la muerte—, de manera que tuvo que hilar más fino y abrir otra compuerta. Así surgió *El origen del hombre y la selección en relación al sexo,* obra de 1871 en la que sentó las bases de la selección sexual.

La clave está en que esa hermosa cola es una poderosísima arma de seducción. Su dueño ejecuta con maestría un hipnótico baile en el que despliega en toda su grandiosidad ese enorme abanico de colores irisados. Todo un espectáculo de luz y color, irresistible para el sexo opuesto. Cuanto más bello se muestre, más ocasiones tendrá para aparearse con hembras distintas. Es un signo de la calidad genética del macho. Un pavo real con una cola triste y ajada raramente se apareará, por lo que sus genes no le sobrevivirán, morirán con él. Los machos mejor dotados son los que se aparearán con muchas más hembras, y esto perpetuará su legado. No se trata simplemente de elegir al más bello sino de elegir al genéticamente mejor dotado en todos los sentidos. Es lo que describe el «principio del hándicap» propuesto por Amotz Zahavi en 1975. En estos casos el mensaje velado que el macho transmite con su majestuoso atributo manifiesta la altísima calidad de su carga genética, de tal excelencia que su organismo ha podido permitirse invertir ciertos recursos en desarrollar ese rasgo físico, que paradójicamente puede considerarse una debilidad, o hándicap. Al comprender que la exhibición de ese elemento no necesario para la supervivencia es una forma de potenciar la manifestación de su fortaleza, la paradoja se resuelve, pues si el individuo en cuestión ha podido sobrevivir a pesar de ese hándicap, ha de suponerse que el resto de sus caracteres componen un importante arsenal.

En algunas especies, a diferencia de lo que ocurre en el caso del bellísimo pavo real, el signo diferenciador puede ser atractivo y a la vez útil para la supervivencia del individuo. Las astas o los cuernos de algunos animales, por ejemplo, pueden atraer a las hembras por su tamaño o su barroca composición, y al mismo tiempo son arma y escudo. Se trata de atributos imprescindibles no solo para enfrentarse a sus rivales *por el amor de una mujer*, o de una cierva, sino también en la lucha por la supervivencia.

Sin embargo, a veces este rasgo puede desarrollarse de tal manera que se convierte en un lastre; incluso se han dado casos en que el rasgo seductor ha provocado la extinción de toda una especie. Así, se cree que el motivo de la desaparición del alce irlandés —un ciervo gigante que dejó de existir tras la era glacial— pudo ser la descomunal cornamenta que, mediante la selección sexual, los machos fueron desarrollando gradualmente. Es un rasgo que en principio no tendría por qué considerarse un hándicap, puesto que es un órgano necesario para protegerse de otros machos o de otras especies, pero su anormal crecimiento pudo acabar provocando que su peso resultara realmente insostenible. Sin olvidar por supuesto otros factores que sin duda tuvieron que ver con su extinción, como la climatología e incluso la presencia del hombre.

La selección desbocada

En 1930 Roland Fisher propuso una interesantísima hipótesis conocida como «selección desbocada» o selección en cascada (*runaway selection*), que más tarde fue desarrollada en los setenta por el psicólogo evolutivo Geoffrey Miller, quien aplicaría esta hipótesis de selección sexual a las capacidades mentales tales como la creatividad o el talento artístico. Según esta teoría, en determinadas situaciones, un gen relacionado con una característica apreciada para la selectividad –en principio totalmente arbitraria– de las hembras (una cola más larga es una cola más *sexy*, por ejemplo) se verá favorecido, dado que mediante la elección de un macho de cola larga, tendrá hijos con la cola más larga.

Este carácter se extenderá por la población hasta que la mayoría de los machos tengan colas largas y la mayoría de las hembras prefieran compañeros de cola larga. Se entra así en un proceso de potenciación circular que hace que los cambios debidos a la selección sexual sean muy marcados en pocas generaciones.

Hasta aquí, todo bien. Sin embargo, una vez ha sucedido esto, el proceso puede desbocarse, hasta que el carácter masculino se vuelva tan exagerado que sea desfavorable. En otras

DARWIN ENAMORADO

Cuando tenía unos veintisiete años, Charles Darwin, un hombre centrado en sus investigaciones, tímido y nada romántico, comenzó a considerar la posibilidad de casarse. No porque tuviera una mujer en mente, sino porque era lo que se esperaba de alguien de su edad y en su situación. De modo que en un papel apuntó los pros y los contras de lanzarse a la búsqueda de una buena esposa. Acababa de llegar de un fascinante viaje de cinco años alrededor del mundo, por lo que rellenar la columna de los contras fue sencillo: tendría menos tiempo que dedicar a sí mismo, frecuentaría menos su club de caballeros, no podría leer tan a menudo, tendría que perder el tiempo aguantando a los familiares de esa hipotética esposa, dispondría de menos dinero para sus necesidades... «¿Cómo podría ocuparme de mis asuntos si me viese obligado cada día a ir a pasear con ella?», dejó escrito el naturalista mientras se devanaba los sesos en medio de sus tribulaciones, y continuó apuntando algunas razones más para no casarse: ¡no podría aprender francés, ni viajaría al continente, ni a América, ni viajaría en globo, ni tendría oportunidad de caminar en solitario por Gales... Pobre esclavo. La lista de los pros era bastante más corta: tener esposa sería una opción mejor que tener un perro, y podría entretenerse con los encantos de la conversación frívola femenina y disfrutar con ella de la música. Al final concluyó que, aunque pudiese ser bueno para la salud, tener esposa era una total pérdida de tiempo.

Por lo visto, dejó su lista aparcada en un cajón y continuó trabajando con las teorías que había empezado a dilucidar en aquel viaje. Sin embargo, el destino le tenía preparado algo inesperado: meses más tarde, se reencontró con su prima Emma Wedgwood y cayó profundamente enamorado. Desde aquel momento ya no lograba conciliar el sueño, no podía concentrarse en su trabajo y sus dudas sobre el matrimonio se disiparon completamente. Estaba desesperado por casarse con su bella Emma, que lo colmaba de felicidad. Lo sabemos gracias a las cartas que se intercambiaron: «Creo que me vas a humanizar, me vas a enseñar que existe una felicidad mayor que la de construir teorías y acumular evidencias en soledad».

Ella aceptó su propuesta y la pareja se casó el 29 de enero de 1839. Disfrutaron de un feliz e intenso matrimonio que duró cuarenta años.

palabras, la preferencia de las hembras, en lugar de ser una ventaja para la supervivencia, puede que comience a impulsar la evolución de colas cada vez más largas en los machos, hasta el punto de que se encuentren con un plumaje llamativo que les estorbe y que ya no les ayude a evitar ser cazados.

Enamorando con arte

En el campo de la selección sexual no todo está centrado en atributos físicos. El jardinero o ave de emparrado, pájaro autóctono de Nueva Guinea y Australia, se llama así precisamente por el tipo de cortejo que los machos llevan a cabo cuando llega la época del apareamiento. Lo que marca la diferencia es el talento a la hora de fabricar su propio jardín o emparrado, que luego es sometido al criterio de las hembras. Como orgullosos paisajistas, seleccionan meticulosamente ramitas, flores, piedras, plumas, conchas de caracoles e incluso desechos plásticos o cualquier objeto colorido que les sirva para componer su jardín. Son capaces de distribuirlos de manera simétrica e incluso colocarlos por colores. Después las hembras van paseando de un jardincillo a otro, como si se tratara de un concurso —y en cierta manera eso es exactamente lo que es.

A raíz de observar estos fenómenos en la naturaleza, algunos científicos comenzaron a aplicar estas hipótesis a nuestra propia especie, y llegaron a conclusiones que nunca habríamos imaginado. ¿Qué pensarías si te digo que las habilidades y talentos que una persona puede demostrar (como bailar, cantar, pintar, esculpir, escribir, etc.) se despertaron originariamente en nuestros antepasados como un rasgo especial para atraer al individuo deseado?

Según esto, hemos llegado a ser lo que somos debido a la selección sexual. Los machos han estado sometidos a una fuerte presión selectiva para maximizar el número de hembras con las que aparearse, mientras que las hembras han tenido que incrementar su eficacia biológica a través de una mayor implicación en el cuidado de su descendencia. Dada esta indisposición temporal de la madre, en las comunidades era habitual que existiesen más machos disponibles que hembras, y ese desequilibrio hacía necesaria la competencia entre los varones. Al mismo tiempo, las hembras también se veían obligadas a competir por los hombres capaces de generar mayores recursos para criar, cuidar y mantener a la prole.

La biología evolutiva se fundamenta en que para comprender el porqué de una adaptación determinada se ha de entender la función por la cual se ha desarrollado. La mente humana es una colección de adaptaciones asombrosamente complejas, pero, por desgracia, no alcanzamos a conocer las funciones biológicas que se han tenido que desarrollar generación tras generación para justificar su existencia. Por ejemplo, el avanzadísimo desarrollo de las lenguas, que caracteriza a nuestra especie, no responde a funciones de supervivencia básicas.

Según esta hipótesis, si la competencia sexual no hubiera empujado a nuestros ancestros a mejorar sus habilidades, probablemente el cerebro del ser humano no hubiese desarrollado sus extraordinarias capacidades artísticas y creativas. Desde un punto de vista pragmático, el arte, la música, el sentido del humor, el sentido de la ética o la habilidad para contar un cuento son formas inútiles de gastar energías; resultan acciones irrelevantes frente a la necesidad imperiosa de encontrar alimento o de evitar a los depredadores. Los defensores de esta hipótesis consideran que si la inteligencia y la creatividad hubiesen sido tan útiles para sobrevivir, otras especies de primates deberían haber seguido el mismo camino evolutivo y haberlas desarrollado.

En cuanto al ser humano, la evolución mental se vio exponencialmente impulsada por esta selección desbocada que hemos comentado en el apartado anterior. Si las hembras de los homínidos pasaron a desarrollar una preferencia sexual por la inteligencia creativa, los varones que hicieran alarde de la inteligencia más creativa atraerían más parejas sexuales, produciendo así más descendencia y asegurando la perdurabilidad de sus genes. De este modo, su prole heredaría tanto el gusto por el cortejo inteligente como la capacidad y el talento para producirlo. Durante muchas generaciones, este rasgo de inteligencia creativa aumentaría rápidamente a lo largo de ese mismo linaje.

Esta teoría, además de poder explicar la velocidad de encefalización en la evolución (es decir, la razón por la que el tamaño del cerebro se ha triplicado en tan solo dos millones de años), también justificaría la ausencia de la inteligencia creativa en la mayoría de las otras especies y la manifiesta propensión de los seres humanos a mostrar sus cualidades, su valía y sus talentos en el cortejo sexual.

Por lo que parece, el asombroso potencial de la mente humana de hoy es debido a la creatividad invertida por nuestros ancestros en el cortejo. No somos máquinas de supervivencia, sino máquinas de seducción; nuestras mentes han evolucionado gracias a las estrategias de selección sexual, o lo que es lo mismo: nuestras mentes han evolucionado en tanto en cuanto son herramientas para cortejar. Las habilidades más impresionantes y sofisticadas han aparecido en nuestra evolución para atraer sexualmente. Es decir, el objetivo biológico de los seres humanos sería «vendernos» a nosotros mismos, y para ello aplicamos todas las «estrategias de mercadotecnia» que fluyen desde nuestros genes. Se trataría, pues, de una suerte de *marketing* genético.

Nuestra especie lleva alrededor de seis millones de años de evolución (los datos no son definitivos y oscilan entre los siete y los cinco). Eso significa que los rasgos que nos caracterizan son el resultado de un experimento de ingeniería genética de la naturaleza que se ha ido desarrollando a lo largo de unas doscientas cincuenta mil generaciones mediante la combinación de la selección natural y la sexual. Y gracias a esta competencia por la cópula, hoy somos seres capaces de construir una máquina para viajar al espacio, de crear ordenadores con inteligencia artificial, de hacer realidad edificios tan altos que compiten con montañas o incluso de fabricar microscópicos robots preparados para curar enfermedades. Nada de esto habría existido si nuestros ancestros no hubieran apostado por el ingenio, el talento, las habilidades mentales o la capacidad artística la hora de elegir compañero sexual. La estrategia que decidieron inconscientemente adoptar estaba centrada en aquellos talentos y atributos que les hicieran destacar sobre los demás pretendientes, y los emplearon como un instrumento de cortejo para seducir a sus parejas.

Las mujeres y los hombres de nuestro tiempo podemos tener muy claro cuál es el tipo de persona que nos atrae especialmente, pero en realidad, tal y como comenté unas páginas atrás, los rasgos que escogemos obedecen a una imposición reproductiva. La belleza (un claro indicador de salud y fertilidad), la inteligencia, la creatividad, la amabilidad, la imaginación, la empatía o el afecto son cualidades que buscamos en la pareja deseada, sin ser quizá conscientes de que son atributos necesarios para desenvolverse en un entorno social y que al emparejarnos con quien los exhibe, les estaremos brindando a nuestros hijos los mejores genes posibles, los que les confieran aquellos rasgos que beneficiarán su vida y su futura reproducción.

Ambos sexos son exigentes a la hora de escoger una pareja con la que deseen establecer una relación de larga duración y tanto hombre como mujer hacen despliegue de sus talentos y de su inteligencia durante el cortejo. Si la selección sexual dio pie a la evolución mental en el ser humano, tuvo que ser sobre la base de que la decisión de aparearse, al contrario de lo que ocurre en tantas otras especies, se tomaba entre ambos. Para que la unión se llevara a cabo, ambos miembros de la pareja debían haberse escogido el uno al otro.

Por ello, aquello que empezó en las cavernas se perpetúa hoy como elemento clave en la supervivencia de la especie y, en pleno siglo XXI, seguimos anhelando –y exhibiendo– una serie de características que nos convierten en deseados para el sexo opuesto. Nuestra naturaleza nos sigue empujando a lucirlas. Por ejemplo, el cabello puede indicar el estado de salud de una persona y su edad, ya que, con los años, pierde vitalidad, brillo y sedosidad y se llena de canas. Por ese motivo, durante la juventud hay cierta tendencia a dejarlo largo, como para mostrarle al mundo lo sano que es uno, aunque ignoremos que este gusto corresponde a nuestros inicios como especie, miles de años atrás. Para tratar de contrarrestar el paso del tiempo, seguir ofreciendo un buen aspecto y sentirnos deseables, nos aplicamos tónicos, acondicionadores y mascarillas para el cabello o lo teñimos para ocultar las canas. Lo mismo podemos decir del cuerpo: utilizamos cremas para que la piel tenga un aspecto firme y saludable, lo moldeamos en el gimnasio e incluso echamos mano de la cirugía cuando ya no hay otro remedio.

En las páginas precedentes hemos hablado del origen de esta mágica emoción hasta remontarnos a nuestros ancestros más lejanos, y también nos hemos asomado al mundo animal, pero aún queda mucho por observar, cuestionar y analizar. Ahora que has acabo este capítulo, dispones de más información acerca del papel que ejercen las imposiciones culturales en nuestro pensamiento y conoces algunas teorías que tratan de explicar el fenómeno del amor y el proceso del emparejamiento. También has obtenido información sobre los últimos hallazgos de la ciencia sobre la química cerebral —un asunto apasionante sobre el que se podrían escribir muchísimos libros— explicados de manera clara y sencilla mediante ejemplos prácticos y casos reales.

BUSCANDO A MI MEDIA NARANJA DESESPERADAMENTE

Toda teoría del amor, de Platón hacia abajo, enseña que cada individuo ama en el otro lo que le falta en sí mismo.

G. Stanley Hall

El origen del mito de la media naranja no es precisamente una historia reconfortante. Aparece por primera vez en la obra *El banquete*, de Platón. En ella, el filósofo griego mostraba las enseñanzas de Aristófanes, quien explicaba que al principio la raza humana era prácticamente perfecta, pero con un aspecto muy distinto al que ahora conocemos. Los seres que habitaban nuestro mundo eran redondos, su espalda y sus costados formaban una esfera, tenían cuatro brazos, cuatro piernas y, aunque poseían una sola cabeza, tenían dos rostros, uno a cada lado. Según cuenta Aristófanes, existían tres clases de combinaciones: una compuesta por dos formas humanas, que hoy llamamos «hombre»; otra, por dos formas, que actualmente conocemos como «mujer», y un tercer tipo, que combinaba ambas formas y que recibía el nombre de «andrógino».

Eran unos seres fuertes, robustos, capaces de cualquier cosa, que se propusieron escalar hasta el cielo y derrocar a los dioses. Ante esta amenaza, Zeus, el dios supremo, dio con una solución para proteger el Olimpo sin destruir a los hombres. Decidió partirlos en dos, menguando así su poder y despertando en ellos un deseo más acuciante que el de enfrentarse a los dioses: encontrar a su otra mitad. Cuando dos porciones de estos seres incompletos se encontraban, se abrazaban con fervor, tratando de volver a unir sus cuerpos desmembrados, ardiendo en deseos de convertirse nuevamente en lo que una vez fueron, hasta el punto de morir de hambre, atrapados en ese abrazo, incapaces de enfrentarse a la vida sin su otra mitad.

SERES INCOMPLETOS

Hemos crecido con la idea de que necesitamos encontrar a nuestra media naranja. Incluso sin conocer el texto de Platón sentimos que esa es nuestra naturaleza. Ya desde la infancia nos han bombardeado con cuentos en los que los protagonistas acaban juntos, siempre con la misma cantinela de «fueron felices y comieron perdices». La mayor parte de los cuentos clásicos acaban en boda, como *La bella durmiente*, *La cenicienta* y *Blancanieves*. El matrimonio también ha sido el broche final de historias más modernas de la factoría Disney: incluso el ogro Shrek logra su final feliz al casarse con la princesa Fiona.

Son muchísimas las canciones, los libros, los poemas, las obras de teatro, las películas, las series de televisión que, de alguna manera, nos transmiten que para estar realmente completos necesitamos el amor de otra persona, de nuestra alma gemela. Asumimos así una imperfección esencial que solo puede ser subsanada hallando –y reteniendo– la pieza que nos falta.

Desde la infancia, hemos ido asimilando esta idea hasta hacerla propia y, aunque este fenómeno no es un problema en sí mismo, el problema llega cuando, tras una ruptura amorosa, ese modelo de pensamiento nos empuja a sentirnos fracasados, incompletos e infelices. Y es entonces cuando la separación, o la soltería, se convierte en tragedia: completar nuestra imperfección con la pieza que nos falta, el ser amado con el que deberemos compartir el camino vital hasta el final de nuestra existencia.

Sin embargo, no somos la mitad de nada; somos seres completos, y nuestra felicidad ha de depender exclusivamente de nosotros mismos. Delegar, en este caso, es un error de dolorosas consecuencias.

Hoy en día, en la vida real, una gran parte de las historias de amor acaban en decepción. De hecho, el índice de divorcios en muchos países ya supera el 50% y se estima que las relaciones extramatrimoniales se dan entre un 26% de las mujeres y un 35% de los hombres. No tiene sentido asumir que la felicidad que experimentamos los primeros años de relación ha de perpetuarse hasta el infinito. Es importante que seamos conscientes de ello –sin perder por eso la ilusión de querer disfrutar nuestro amor y exprimirlo hasta la última gota– porque cuanto más creamos en la eternidad, en la permanencia de las cosas tal cual son en este instante, más dura será la decepción. Esto es algo que siempre les explico a mis clientes, puesto que ser conscientes de la impermanencia de las cosas, de las personas, de la vida misma, nos ayuda a valorar cada momento y a no apegarnos a aquello que va a desaparecer tarde o temprano.

UN AMOR DE CINE

Todos los conceptos, ideas, etiquetas... que rodean al amor romántico, que lo alimentan a través de las artes y de los medios de comunicación, nos recuerdan una y otra vez lo desdichados que somos cuando caminamos por la vida en soledad y lo omnipotentes que nos sentimos cuando encontramos a nuestra otra mitad: «El amor es mágico»; «El amor todo lo puede»; «Si nos amamos, podemos con todo»; «Contigo, pan y cebolla»... Nos convencemos de que no importan los obstáculos: la fuerza del amor, que nos lleva y nos empuja, nos dará la energía necesaria para derribar muros y sortear impedimentos hasta lograr estar junto al ser amado u obtener lo que nos hayamos propuesto. Hemos oído y leído cientos de veces bellas frases como «el amor verdadero es incondicional», que podría interpretarse del siguiente modo: «Hagas lo que hagas, mi amor, te amaré de igual manera, en las buenas y en las malas, bajo cualquier circunstancia que se presente, en la infidelidad, en la explotación, en los golpes, en el rechazo, en el desamor, en la burla, en el desprecio... No importa lo que hagas, pues yo estaré ahí, con mi amor intacto para ti». Suena disparatado, ¿verdad? Desde la barrera vemos con claridad que si nos entregamos de esta forma, amando pese a todo, comprometiéndonos contra viento y marea, negamos nuestra propia identidad, pasamos por encima de nosotros mismos. Nos borramos. Nos diluimos. Porque cuando estamos profundamente implicados en una relación y aún no hemos sanado aspectos personales

—especialmente los relacionados con la autoestima—, es fácil dejarse arrastrar por estos tópicos tan tóxicos.

Debemos protegernos, y para ello debemos amar con inteligencia. La felicidad la construye cada uno, desde el propio corazón, y si no somos capaces de amarnos a nosotros mismos, si no generamos ese amor en nuestro interior, no podremos amar sanamente a los demás.

Cuando estamos bajo el influjo del enamoramiento, del flechazo, de la primera fase del amor, nuestro cerebro, debido a la feniletilamina (te hablaré de ella más adelante), se vuelve ciego a todo indicio que apunte a un lugar diferente al que el enamorado se ha marcado. Vemos al objeto de nuestro amor como un ser perfecto, lo idealizamos, incluso le inventamos virtudes. Estamos absolutamente fascinados por unos rasgos que quizá un tiempo después, cuando los niveles de dopamina, norepinefrina y oxitocina vuelvan a sus proporciones normales en el cerebro, nos irritarán profundamente. Y es entonces cuando entran en escena otros tópicos opuestos, otras cristalizaciones culturales tan tóxicas como las anteriores: «Amar es sufrir» o «Quien bien te quiere te hará llorar», por ejemplo. Ideas de raíz católica que tanto caló en nuestro país y que casi podría decirse que se grabaron en nuestro ADN.

Ojalá viviéramos en un mundo donde el amor sentimental fuera capaz de generar una especie de escudo invisible que convirtiese a los miembros de la pareja en seres inmunes a las controversias y que con su campo de fuerza cósmica lograra disolver los conflictos, los malentendidos y los rencores callados. Por desgracia esto no es así. En una relación confluyen tantísimos elementos que a veces ni el amor más poderoso es capaz de sobreponerse a los obstáculos. Nuestras emociones no son planas, ni estables, a veces son impredecibles, están sometidas a los vaivenes naturales que la vida nos pone por delante, y esto afecta inevitablemente a la relación de pareja.

El amor no se puede definir en una sola línea, es un sentimiento complejo. Hay asuntos que podemos controlar de forma consciente, desde la mente, pero el amor no es precisamente uno de ellos. Sin embargo, el amor conyugal se fundamenta sobre un sentimiento consciente, y por ello es imprescindible reinventar los aspectos que no nos agraden de la convivencia y construir juntos un entorno que satisfaga a ambos.

CANTANDO AL AMOR

Las canciones son también una fuente inagotable de ideas que se graban en nuestro subconsciente sin que nos demos cuenta. Muchas de ellas alimentan la toxicidad: «Sin ti no soy nada»; «*I will always love you*»;[*] «Si tú me dices ven, lo dejo todo»; «*Forever and ever*»;[**] «No puedo vivir sin ti, no hay manera»; «*Baby I'd die for you, I'd die for you, I'd cry for you*»;[***] «Es por culpa de una hembra, que me estoy volviendo loco. No puedo vivir sin ella pero con ella tampoco»; «*I can't live if living is without you*»...[****]

Hace unos cuantos años, una célebre telenovela abría su emisión con una melodía que decía «mi vida eres tú...». Por aquel entonces nos sonaba tierno y romántico, pero en realidad su mensaje no puede ser más ponzoñoso: cuando en una

---

[*] Siempre te amaré.
[**] Por siempre jamás.
[***] Cariño muero por ti, muero por ti, lloro por ti.
[****] No puedo vivir, si vivir es vivir sin ti.

relación convertimos a nuestra pareja en el centro de nuestro mundo y construimos una realidad en la que todo gira alrededor de esa persona, negamos nuestra propia identidad y apartamos nuestras referencias personales. Esta actitud genera una profunda dependencia emocional, muy dañina para ambos miembros de la pareja.

Hacemos al otro responsable de nuestro equilibrio, y esto ocurre porque inconscientemente tratamos de que la relación cubra carencias que arrastramos desde la infancia. Abordaré en profundidad este tema más adelante.

Toneladas de música y cientos de horas de emisiones bombardean a los adolescentes, que en plena revolución hormonal son incapaces de imaginar una relación que no sea extrema y pasional. Falsas creencias que nuestra cultura nos ha empujado a abrazar con fervor. Crecemos pensando que el enamoramiento ha de durar siempre, convencidos de que la pasión de los primeros meses habrá de ser una constante a pesar de los años de convivencia que puedan transcurrir.

En general, esta suma de mitos con los que nos hemos criado y hemos crecido nos dibuja un claro panorama en el que una vida sin una pareja que nos haga felices, sin un matrimonio perfecto, es una vida fallida. Nunca llegaremos a ser completos, siempre sentiremos la ausencia de esa ansiada media naranja que daría sentido a nuestra existencia.

LAS FASES DEL AMOR

*El amor es un fuego. Pero nunca se sabe si va a
calentar tu hogar o quemar tu casa.*

Joan Crawford

E l amor no es una emoción sostenida, un sentimiento que
se despierta tras sentir el ardor de la flecha de Cupido en
nuestra piel y que nos envuelve en ese dulce enamoramiento
hasta que la muerte nos separe. Al contrario, las relaciones sentimentales son procesos y, como tales, atraviesan una serie de
fases, evolucionan a lo largo del tiempo. Muchos autores han
hablado de estas fases y han desgranado de forma detallada
los matices de cada una de ellas.

La antropóloga Helen Fisher, de la Universidad Rutgers,
en Nueva Jersey, una eminencia en el campo de la biología del
amor, distingue los tres estados neurobiológicos en los que
una persona enamorada se irá sumergiendo, aunque no tienen por qué presentarse en este mismo orden:

- **Lujuria**: pura atracción sexual (libido). A veces es instantánea (lo que conocemos por flechazo).

- **Atracción sexual selectiva:** lo que denominamos *amor romántico*.
- **Apego:** profundo sentimiento de vinculación.

Cuando llegue el momento de hablar de la bioquímica cerebral, me detendré para profundizar en las distintas fases que experimentamos a lo largo de una relación, todas ellas controladas, o al menos monitorizadas, desde ese fabuloso órgano del que tanto nos queda por aprender. Mientras, podemos familiarizarnos con la estructura psicológica del fenómeno del enamoramiento. Esta parece contar con ciertos rasgos universales que se pueden describir como romanticismo crónico, euforia y desvelo y que son lo siguientes:

Idealizar al ser amado: cuando estamos bajo este influjo y la razón se difumina, se pasan por alto los fallos y los errores del otro e incluso nos sentimos incapaces de criticarlo.

Exclusividad y fidelidad absolutas: este cóctel de hormonas que conocemos como enamoramiento nos empuja a no concebir la infidelidad de ninguna de las maneras, pero no por respetar unos férreos valores, sino por una rotunda incapacidad biológica. El cuerpo y la mente están enfocados en la persona amada y, en consecuencia, no queda espacio para nadie más.

Intensos sentimientos de apego y de atracción sexual: son dos emociones distintas e independientes, que no tienen por qué ir unidas. Sin embargo, en la fase del enamoramiento, aún bajo el hechizo de Cupido, el afecto se fusiona con el deseo, y los amantes, en ese punto, están convencidos de que amor y sexo siempre irán de la mano.

Euforia: el amor es todopoderoso, invencible y eterno. Este concepto, que ya comenté en el apartado anterior cuando hablábamos de los mensajes culturales tóxicos, es una de las creencias más fácilmente asumidas por los enamorados. Al abrazar esta idea nos condenamos a una profunda decepción.

Pensamiento obsesivo: bajo el estado del enamoramiento profundo, al que tantas culturas del pasado temieron por la locura con la que embrujaba a los amantes, los pensamientos acerca de la otra persona se colarán en nuestra mente una y otra vez. Serán miles, a lo largo del día, y su naturaleza dependerá de los estados de ánimo. Cuanta más alegría sintamos, más pensamientos positivos se presentarán de forma espontánea en nuestra mente; por el contrario, cuanto más decaídos nos encontremos, más numerosos serán los pensamientos inquietantes. Cuando llega la fase de trabajar el desapego hacia esa persona, tras una separación, lo difícil es no caer en la idealización y darles prioridad a los recuerdos buenos o incluso magnificarlos. Lo más terapéutico sería rescatar de la memoria las imágenes negativas que la borrachera de amor nos indujo a ocultar.

Deseo de unión total: el enamoramiento ciego no se conforma con querer estar junto a la persona amada; su naturaleza interna lo empuja a querer unirse con el otro, como si se quisiera transformar en aquel ser primigenio descrito por Platón en su fábula *El banquete*.

Irracionalidad/impulsividad: bajo el influjo de este estado mental, no conocemos límites. Vivimos el amor pasional sin pensar en las consecuencias, un comportamiento poco racional que nos empujará a una relación de dependencia que, si flaquea, nos hará sumergirnos en una inevitable depresión.

CUESTIÓN DE QUÍMICA

En páginas anteriores ya he hecho referencia a los neurotransmisores cerebrales que se disparan cuando una persona experimenta el amor. Son los cimientos sobre los que se construye esa locura transitoria que antiguamente creían obra de los dioses. El fenómeno del enamoramiento tiene lugar en el cerebro. Allí es donde se suceden las explosiones y reacciones químicas responsables de que nuestro corazón lata de una forma especial o de que una bandada de mariposas revolotee en nuestro estómago en cuanto vemos a esa otra persona. La rama de la neurociencia encargada de analizar y diseccionar el amor ha llegado a reunir tanta información hoy en día que por fin comienza a desentrañarse lo que hasta hace bien poco se consideraba un enigma.

El cerebro humano, con sus cien mil millones de neuronas, es la sede del amor, y por supuesto, también del deseo. En eso están de acuerdo todos los científicos e investigadores que se han asomado a este tema, aunque, al mismo tiempo, coinciden en que la experiencia del amor, desde el punto de vista del enamorado, tiene buena parte de vivencia espiritual.

EL PODER DE LA IMAGEN

Todo comienza con una mirada. Un individuo clava sus ojos en la bella mujer que podría convertirse en el objeto de sus anhelos, su imagen se registra inmediatamente en la retina y se envía una señal eléctrica que se desplaza a través de los nervios ópticos, para viajar después por las neuronas con la velocidad del rayo en su viaje hacia el lóbulo occipital, donde conecta con las células neuronales del córtex. Allí queda registrada la imagen de esa persona recién descubierta y sigue su recorrido hasta el sistema límbico, constituido por el tálamo, el hipotálamo, la amígdala cerebral, el cuerpo calloso, el *septum* y el hipocampo. En estas regiones cerebrales es donde procesamos la memoria, la atención, los instintos sexuales, las emociones intensas, la personalidad y la conducta.

Puede que la visión de esa desconocida cause una total indiferencia en el individuo, aunque lo más probable es que su belleza le resulte atractiva, una decisión que nuestro cerebro procesa casi de forma inmediata. En función de los niveles de testosterona, se estimularán las áreas en las que se produce el deseo sexual. Yendo más allá, también existe la posibilidad del flechazo, un fenómeno que, según unas recientes investigaciones de la Universidad de Siracusa, en Nueva York, se completa en tan solo la quinta parte de un segundo. Es decir, en doscientas milésimas de segundo, nuestro cerebro, desde la amígdala, ha sido capaz de valorar, analizar y sopesar la información necesaria para decidir que nos sentimos irresistiblemente atraídos por un desconocido que acaba de cruzarse en nuestro campo visual. Lo que ocurra después marcará si se trata de un capricho pasajero o de un intenso amor que durará años.

Si las características de la mujer que nuestro sujeto está observando coinciden con lo que el cerebro considera que le ha de gustar, intervendrán las glándulas que controlan la secreción de los neurotransmisores responsables del festival que está a punto de desatarse bajo el cráneo del observador. Estas sustancias —la dopamina, la oxitocina y la feniletilamina, también conocida con el desafortunado nombre de FEA— son las verdaderas protagonistas de la historia.

La actividad se concentrará en las regiones donde se localiza el sistema de recompensa del cerebro, el área tegmental ventral y una zona reptiliana con forma de C llamada núcleo caudado.

A estas conclusiones llegó la antropóloga Helen Fisher mediante los escáneres cerebrales —aplicando imágenes por resonancia magnética funcional— que realizó a una serie de voluntarios de ambos sexos, locamente enamorados, para elaborar su investigación. Su investigación demuestra la hipótesis de que el proceso del amor arranca mucho antes de que seamos conscientes de lo que está sucediendo.

La dopamina, por ejemplo, hace que las pupilas se dilaten, que el corazón incremente sus latidos de ochenta a ciento veinte pulsaciones por minuto, que se eleve la presión arterial, que se acelere la frecuencia respiratoria, que aumente la temperatura del cuerpo, que se erice el vello e incluso que se activen las glándulas sudoríparas y, al abrirse los poros de la epidermis, transpiremos.

Seguidamente, la actividad cerebral se concentra en el tálamo y en el hipotálamo, donde reside la memoria afectiva. Cuando estamos bajo el influjo de esta inicial y mágica etapa del enamoramiento, cambia nuestra percepción de la realidad. Un halo especial lo envuelve todo y el centro de nuestra atención es, por supuesto, la persona que ha provocado este derroche de mecanismos biológicos en nuestro interior. Nos da la sensación de que es un momento único e irrepetible, que atesoraremos durante el resto de nuestra vida. La imagen del ser deseado se queda grabada en nuestros centros nerviosos y experimentamos, gracias de nuevo a la dopamina, una sensación inmensa de bienestar y de gratificación.

El amor es adictivo. Numerosos estudios científicos han demostrado lo que todos, de un modo u otro, hemos experimentado en primera persona. De hecho, una buena parte de este libro va a estar centrada en esta adicción: en cómo reconocerla, cómo controlarla, cómo aprender a disfrutarla cuando viene y cómo desengancharnos cuando el amor realmente se ha acabado. Aprenderás a aceptar que ha llegado el momento de dejar ir y a prepararte, por supuesto, para vivir sanamente una nueva experiencia amorosa.

La culpa de todo la tiene precisamente la dopamina. Es la encargada de hacernos sentir infinitamente felices cuando somos correspondidos, pero también es la responsable del profundo dolor que nos provocará la ausencia del ser amado. La dopamina causa ese efecto en cadena que nos llena de excitación, euforia, alegría y bienestar y que conocemos como flechazo, y son tres las fases de intercambio de información que se da entre las neuronas, proceso que llamamos sinapsis. Con la primera fase, gracias a la dopamina, las sensaciones se transforman en emociones, que son las que enseguida darán pie a los sentimientos. Después, se segrega una nueva hormona llamada luliberina, que, según los investigadores, está vinculada con la excitación sexual y que nos prepara para estar sexualmente disponibles y dispuestos a dejarnos llevar. Por último, la oxitocina estimula un área cerebral que nos empuja a ser más atrayentes y actuar de forma más sensual. Bajo los efectos de esta hormona, que juega un papel fundamental en la conducta sexual, dedicamos, de forma inconsciente, más tiempo al arreglo personal y nos esforzamos en parecer lo más atractivos posible.

Las regiones cerebrales que se activan en esta fase de atracción sexual primordial no coinciden completamente con las que lo hacen en la etapa siguiente, la del amor romántico, aunque algunas de ellas sí son comunes. Esto podría estar relacionado con que el enamoramiento se focaliza en una sola persona, mientras que la lujuria no se desencadena solamente ante la presencia de alguien en concreto, sino que puede activarse frente a varios sujetos. En esta fase, los niveles de testosterona son importantes, pero no difieren demasiado de un individuo a otro y cambian en función de cada momento de la relación. Muchos estudios han mostrado que la opinión de una persona a la hora de juzgar el atractivo de otra se encuentra afectada por las hormonas sexuales, es decir, si los niveles de testosterona que nuestro organismo esté liberando en ese momento son elevados, nos sentiremos atraídos hacia una persona a la que quizá no habríamos hecho demasiado caso de haber contado con unos niveles inferiores de esta hormona.

PABLO Y PALOMA

Bien. Regresemos al individuo de nuestro ejemplo, al que llamaremos Pablo: ha visto a aquella mujer –que llamaremos Paloma– apenas unos segundos, quizá al entrar en una fiesta, al acceder a la sala de cardio de su gimnasio o al atravesar las oficinas a las que se acaba de incorporar. Ha sido un flechazo en toda regla y su corazón late a mil por hora, las manos le sudan torpemente, siente retortijones en el estómago y un ligero temblor por todo el cuerpo. Está decidido a acercarse y hablar con ella, pero un mecanismo interno no se lo permitirá si antes no ve algún indicio (o aquello que él pueda interpretar como un indicio) de que ella podría estar igualmente interesada en él. Basta una sonrisa en el momento adecuado o una mirada de reojo. En la naturaleza este fenómeno, casi siempre inconsciente, recibe el nombre de «conducta de solicitación».

Cuando recibe la señal, se aproxima a su *presa* y pone todo su cerebro a trabajar para resultarle más divertido, más elocuente, más seguro y quizá más misterioso. Probablemente, al mismo tiempo estará adoptando, de manera inconsciente, una postura –provocada por nuestra naturaleza más primigenia– que marque su masculinidad, como poner las manos en los bolsillos proyectando los codos hacia fuera, de forma que el tórax parezca ensancharse, sin dejar de erguir su figura, para mostrarse corpulento y poderoso.

Y dado que el amor engendra amor, cuando la chica siente que su nuevo amigo muestra un interés real, se siente halagada, y si además le gusta su aspecto y lo poco que conoce sobre él, su interés irá en aumento. Al sentirse deseada, se activará el área de recompensa del cerebro que he mencionado antes y se acrecentará el interés por él. Instintivamente echará los hombros hacia atrás, irguiéndose también y potenciando su busto, quizá aderezando ese gesto con una furtiva sonrisa y una mirada cómplice.

Esto significa que Pablo ha sido afortunado y ha conseguido su objetivo: finalmente la hermosa Paloma le ha dado su teléfono y han quedado para ir a cenar.

En los días previos a la cita, nuestro sujeto no ha podido dejar de pensar en ella, le ha costado conciliar el sueño y en su trabajo se ha distraído constantemente, al rememorar el instante del flechazo: «Pablo, muchacho, ¿qué te pasa? ¡Que estás en las nubes!», le dicen sus compañeros.

Flechazo cerebral

Los neurotransmisores que se desencadenaron al conocer a Paloma continúan en plena actividad, pero en el cerebro de Pablo hay novedades: la oxitocina inhibe los impulsos nerviosos que deberían dirigirse a la zona del lóbulo frontal, el área encargada de procesar nuestro juicio crítico, el raciocinio e incluso la diferenciación entre el bien y el mal. Esto significa que Pablo está hechizado, obnubilado, y que será incapaz de considerar ningún defecto o rasgo que le reste atributos a su enamorada. Ella podría llevar una esvástica en el brazo, o estar buscada por la Interpol, que él la seguirá viendo maravillosa. Gracias a este fenómeno, nos dejamos llevar y nos embarcamos en una relación. De lo contrario, valoraríamos más los contras que los pros y quizá nuestra especie se habría extinguido hace tiempo.

Pablo está drogado de amor. Su cerebro nada en un cóctel de dopamina, luliberina, vasopresina, feniletilamina y oxitocina, junto a otros neurotransmisores secundarios. Pero al mismo tiempo que se segregan grandes cantidades de estas sustancias, se reducen los niveles de serotonina, lo que favorece el pensamiento obsesivo, un estado de expectación continua e incluso la ansiedad. No logramos apartar al ser amado de nuestra cabeza; de hecho, lo tenemos presente el 85% del tiempo, lo que supone un obstáculo para hacer otras cosas. En un cerebro sano se trata de una reacción habitual, una fase natural, pero puede convertirse en algo muy diferente si quien está bajo el influjo del enamoramiento padece algún tipo de desequilibrio mental, lo que podría llevarlo a obsesionarse hasta el extremo, a malinterpretar las señales y ver evidencias donde no las hay e incluso a inventar una realidad a su medida. El amor intenso es una emoción peligrosa.

Muchas son las investigaciones que han estudiado de cerca el amor a primera vista, y también tenemos múltiples testimonios del fenómeno a través de la música, la literatura e incluso la historia. Todas las fuentes, ya sea con hipótesis o con sonetos, coinciden en que es una experiencia extremadamente intensa para el que tiene la suerte (o la desgracia, según creen algunas culturas) de vivirlo.

Por su parte, Paloma tampoco se ha quitado a Pablo de la cabeza a lo largo de esos días. Aunque no de una forma tan intensa, porque todavía no cuenta con la información suficiente sobre él. En general, las mujeres en este punto son un poco más cerebrales que los hombres: como hemos visto, llevan siglos entrenándose para poder tomar la decisión correcta en cuanto al hombre con el que les conviene emparejarse, en un sentido biológico.

En este primer encuentro, la apariencia y el lenguaje no verbal tendrán mucho más peso que las palabras. Según las conclusiones a las que llegó el profesor Albert Mehrabian en un estudio de la Universidad de California en Los Ángeles respecto al encuentro con un desconocido, se considera que la impresión que uno pueda hacerse se basa en un 55% en la apariencia y en el lenguaje corporal, en un 38% en la forma de hablar y tan solo en un 7% en lo que realmente se diga.

En su primera cita Pablo tratará de mostrar la mejor versión de sí mismo, pero le faltan las palabras: la superproducción de dopamina, luliberina y oxitocina afecta al funcionamiento del lóbulo temporal izquierdo, en el que se procesa la información lingüística y se elabora el lenguaje, lo que explicaría el tartamudeo, el farfulleo y todas las incoherencias que puede uno llegar a decir cuando se enamora a primera vista y trata de hablar con la persona que lo ha hechizado.

Superada esa fase, si al final de la cita se despiden con un beso, este será decisivo para dar el siguiente paso: si resulta frío y torpe, si no saltan chispas y no sienten esa *química* que esperan, lo más probable es que no continúen interesados el uno en el otro. Pero si, por el contrario, al besarse se han sentido conectados y el deseo ha aumentado, la suerte está echada. Habrán reforzado con una hilera más de *ladrillos* ese vínculo que nuestra biología se esfuerza en construir.

Cuando llega el momento de la despedida y por fin se unen los labios en el esperado beso, todos los sentidos están a flor de piel. Durante el beso, además de seguir conectados visualmente, hay una aproximación corporal, las pieles se rozan, pueden olerse más de cerca y se han acercado lo suficiente para detectar las feromonas de las que no somos conscientes, mientras prueban el sabor de sus salivas y sienten el roce de sus pieles. En esos momentos, un ingente número de neuronas están trabajando a pleno rendimiento, mientras los labios recogen cada milímetro de información, sumergiendo al cerebro en intensas sensaciones que son procesadas en la corteza somatosensorial, la región cerebral dedicada a las sensaciones que tienen lugar en el área de la nariz y la boca, con el doble de terminaciones nerviosas que en el resto de la cara. Durante el beso, el pulso se dispara y también la presión arterial. Las pupilas se dilatan y la respiración se hace más profunda al mismo tiempo que aumentan los niveles de oxitocina (el neurotransmisor asociado a la confianza y al apego) y se reduce el cortisol, la hormona del estrés.

Si el beso no resulta satisfactorio, lo más probable es que la relación no pase de este punto, tal y como demostró un estudio de la Universidad de Albany en Nueva York, publicado en *Scientific American Mind*. El 59% de las mujeres y el 66% de los hombres entrevistados afirmaron que, al menos en una ocasión, habían dejado de sentirse interesados en una persona que minutos antes les había resultado realmente atractiva después de haberla «probado» a través de un beso. Besar bien no siempre lleva al éxito, pero ante esta evidencia vemos que besar mal a menudo nos empuja al fracaso.

Bésame mucho

Existe una ciencia dedicada exclusivamente al estudio de los besos, llamada filematología, y podemos encontrar muchas investigaciones al respecto. Para los seres humanos, besarse no es un hecho trivial, sino que supone un importante evento a nivel hormonal y emocional. El psicólogo evolutivo Gordon Gallup, responsable del estudio *La psicobiología del beso romántico*, considera que a través del beso se produce un intercambio de información química, postural y táctil —información básica que determinará si ambos promotores de ese primer beso son lo suficientemente compatibles entre sí a nivel genético (factor esencial para la reproducción exitosa) como para continuar con el cortejo—. Gallup afirma que hay muchas fuerzas que pueden conectar románticamente a dos personas, pero basta un beso, especialmente el primero, para romper con facilidad ese vínculo.

Jean-Luc Tournier, autor de *La pequeña enciclopedia del beso*, afirma que no hay ningún otro acto de implicación voluntaria del ser tan total como el beso.

Cuando nuestros labios se unen íntimamente a los de otro individuo, las neuronas sensoriales se activan y envían gran cantidad de información al cerebro, la cual se procesa de manera inmediata y nos hace saber si nos apetece seguir en ese beso e ir más allá o si, de lo contrario, «no hay química». El acto de besar es esa mágica interacción con la otra persona en la que se combinan estímulos sólidos (con el tacto), líquidos (con la saliva) y gaseosos (con el aliento).

Con un beso se llegan a activar alrededor de treinta músculos faciales, diecisiete de ellos relacionados con la lengua, al mismo tiempo que se transfieren 9 miligramos de agua, otros 0,18 de sustancias orgánicas, 0,7 de materias grasas, 0,45 de sales minerales, además de millones de bacterias y otros microorganismos, todo ello mientras quemamos unas quince calorías cada tres minutos.

Con el beso, en el cerebro se libera un torrente hormonal que además de hacernos sentir bien, allanando el camino para la excitación, resulta beneficioso para la salud.

La Filemamanía es el nombre científico con el que los científicos han *bautizado* al deseo intenso de besar. Cuando tiene lugar este simple gesto, se ponen en marcha una serie de procesos químicos nada «simples». El cerebro bucea en la preciada oxitocina, hormona relacionada con el enamoramiento, el orgasmo, el parto, la lactancia, la afectividad y la ternura y que funciona como si se tratara de una droga.

Por eso una vez que empezamos a besar queremos más y más... También se dispara la dopamina –el neurotransmisor del bienestar y la recompensa–, así como la testosterona –ligada al deseo sexual–, la adrenalina y la noradrenalina –que elevan la presión arterial y la frecuencia cardiaca–. Es decir, un «subidón» en toda regla. Un cóctel irresistible (y adictivo) que fortalece el sistema inmunitario y combate la depresión.

Tal y como afirma la consultora sexual británica Relate, cada vez que juntamos nuestros labios con nuestra pareja, la liberación de endorfinas que se activa combate el desánimo y evita que caigamos en la depresión. El beso es fuente de placer y la boca es el órgano erógeno más cercano al cerebro, lugar donde se procesan las sensaciones y se traducen en emociones.

En otro estudio, de la Universidad de Viena, se llegó a la conclusión de que cuando nos fundimos en un apasionado beso con lengua, las pulsaciones cardiacas suben de 60 hasta 130 por minuto, se libera adrenalina, la tasa de colesterol baja y, gracias al intercambio de bacterias, se refuerza el sistema inmunitario.

Según Francesca Albini, autora del libro *Bacioterapia*, hoy en día el beso tiene un poder terapéutico y psicológico, puesto que supone una demostración de cariño, de amor, de respeto o de amistad, y con él somos capaces de comunicar muchas cosas.

Otro estudio, de la Universidad Wilfrid Laurier, presenta la idea de que las parejas que se despiden con un beso antes de marcharse al trabajo tienen menos accidentes de tráfico, menos absentismo laboral, un sueldo un 25% mayor y una esperanza de vida cinco años más larga. ¿Y a qué puede ser debido? El estudio concluye que quienes empiezan el día con un beso lo afrontan con una actitud más positiva, activando de ese modo más energía vital.

Para nuestra especie, el beso tiene un significado que se remonta a la prehistoria. En algunas sociedades las madres alimentaban a sus bebés dándoles con la boca los alimentos ya masticados, de una forma más superficial a la realizada por los pingüinos. Otras teorías proponen que el beso se originó como una prolongación de la lactancia. Sea cual sea la razón que llevó a nuestros ancestros a unir los labios como un gesto amoroso, ha acabado desempeñando diversos papeles en la historia. El estudioso Yannick Carré, autor del libro *El beso en la boca durante la Edad Media*, afirma que con el beso se podían explicar incluso los cambios que se producían en política, en religión y en el sistema de valores. Llegó a tener el valor de un contrato, ya que, por ejemplo, para sellar el juramento de fidelidad mutua entre el señor y su vasallo, ambos se daban un beso en la boca.

En el libro *El beso: ¿qué se esconde tras este gesto cotidiano?* el profesor Alain Montadon considera que antes de besar a otra persona, debemos haber estado complacidos por lo que percibe el sentido del olfato. Sin ello, el deseo de besar no se produce, puesto que el olor de la piel puede ser muy atrayente o, por el contrario, muy repulsivo.

De hecho, todo tiene su razón biológica: el hombre tiende más a convertir un beso sencillo en lo que se denomina coloquialmente un «beso con lengua», y además del placer que se deriva de ese tipo de unión, la justificación de la naturaleza está relacionada con la testosterona que posee la saliva masculina. Al introducirse en el organismo de la mujer, contribuye a aumentar su deseo sexual, tratando, a veces inconscientemente, de que lo que se ha iniciado con un beso acabe entre las sábanas.

El matiz es distinto en función de si es percibido por hombres o por mujeres. Según el mencionado estudio de Gallup, ellos besan pensando más en la recompensa sexual, y como medio de hacer las paces tras una discusión, mientras que para ellas es una manera de valorar el grado de compromiso del hombre en la relación que pudiese surgir, por lo que inconscientemente analizan el aliento, el sabor y hasta la salud de los dientes. Y lo curioso es que este potente radar femenino se potencia especialmente durante la ovulación. Como consecuencia de ello, las mujeres estarían menos dispuestas a tener relaciones sexuales con alguien que no sepa besar o que no lo haga de la forma que ellas esperan según sus preferencias sensoriales y emotivas.

Por otro lado, parece que los hombres nos fijamos en otros detalles durante el beso, como en el atractivo de su rostro, el aspecto de su cuerpo e incluso su peso. El estudio también sugiere que el nivel de exigencia de ellos es más bajo, puesto que más del 50% de los hombres encuestados afirmó que tendría relaciones sexuales con una mujer sin pasar antes por el beso. En el caso de ellas, este porcentaje bajaba al 14%. Recordemos, por ejemplo, que muchas prostitutas no besan, ya que consideran que este gesto tiene connotaciones más íntimas y personales que el coito.

Por todas estas razones el beso desempeña un papel clave, debido a que hombre y mujer son dos motores que van a diferentes velocidades y que se sincronizan a través del beso. Pere Font, del *Institut d'Estudis de Sexualitat i la Parella* (ISEP), de Barcelona, observa cierto desencuentro entre deseo y seducción. Por lo visto, para las mujeres lo divertido es lo que ocurre *antes* y la ternura que experimentan *después*, mientras que el hombre disfruta con lo que ocurre *durante*.

Pero no solo existen diferencias entre hombres y mujeres, ya que mientras unos colectivos le dan toda la importancia, otros se la quitan. Según el ISEP, hoy en día los adolescentes parecen estar saltándose la fase previa del erotismo, lo que provoca que el proceso se lleve a cabo más deprisa. Se llega al coito con mayor facilidad que antes, y esto hace que se reduzca el tiempo de seducción y se pierdan un ritual y unos juegos eróticos que para otros son la salsa de la vida.

En la misma línea, desde la Asociación Madrileña de Terapia de Pareja se considera que, en nuestra sociedad, sobre todo entre los más jóvenes, se habla a diario de orgasmos y posturas sexuales, pero se ha dejado de lado el arte de besar, y con ello hemos perdido romanticismo.

Sin embargo, hay quien cree que esta práctica va en aumento. Francesca Albini opina que besar en las mejillas es ahora un comportamiento social habitual. Paralelamente, en la pareja, encontrar tiempo para el beso apasionado es la mejor manera de combatir el aburrimiento. Y Desmond Morris, autor del célebre libro *El mono desnudo*, en su ensayo *Comportamiento íntimo*, ratifica esa idea. Opina que a través del beso los amantes desarrollan una mayor propensión a crear lazos fuertes, lo que alimenta el deseo de formar una familia.

Sea como sea, el beso es casi un lenguaje en sí mismo, la forma instintiva que tenemos de realizar una primera aproximación sexual, un medio para valorar la compatibilidad genética entre ambos y una forma maravillosa de jugar con nuestra pareja.

Todas estas teorías y evidencias demuestran que los besos son altamente beneficiosos, así que —por prescripción facultativa— deberíamos fomentarlos más y llenar nuestra vida de estos pequeños momentos mágicos.

EL PROCESO DE SEDUCCIÓN

El antropólogo David Givens, de la Universidad de Washington, llevó a cabo un estudio en el que se analizó el comportamiento de hombres y mujeres en bares para solteros (*singles*) para definir seis fases en el proceso de seducción:

1. Llamar la atención: en esta primera fase se anuncia la propia presencia física, el sexo y la voluntad de aproximación. Puede darse mediante una carcajada, un baile provocador, un gesto que indique seguridad en uno mismo o incluso aprovechando un viaje al baño, a la barra o a la máquina de tabaco.

2. Reconocimiento: tras completar la primera fase, se observa cómo responden los demás a la propia exposición. Si la respuesta es positiva, se pasará a la fase tres.

3. Comunicación verbal: las mujeres optan, a menudo, por tonos más altos, más femeninos, casi siempre inconscientemente, para potenciar la atracción de los hombres. Estos, por el contrario, agravan la voz, haciéndola más profunda y masculina, un detalle que las excita, como bien sabe la memoria genética masculina. Cuando hablan, dejan caer de forma natural mensajes no verbales que, si todo ha ido bien, invitan a la aproximación mutua.

4. Contacto físico: en esta fase se va más allá de la lógica de las palabras y se establece una comunicación más táctil, pero sin dejar de ser suave y romántica. La mujer es la que suele tocar primero, ya sea el hombro, la muñeca, el brazo... Es una buena forma de poner a prueba, de un modo sutil, si todo lo realizado anteriormente habrá servido para algo. Si él retrocede ante el contacto físico, ella no lo intentará de nuevo, pero si no pone impedimentos, repetirá su roce casual.

5. Conexión: esta fase puede alargarse y durar la noche entera. Es el punto en el que ambos individuos ya saben que existe una conexión, que sienten una atracción innegable. Están sincronizados y desde fuera los podemos ver alineados, girando el uno hacia el otro, sin perderse de vista, sin escatimar en sonrisas...

6. Relaciones sexuales: momento en que culmina todo el camino recorrido, si este ha ido evolucionando correctamente y el cortejo se ha realizado con éxito, por supuesto.

Borrachos de amor

Se han besado y les ha gustado, de modo que todo va viento en popa para Pablo y su incipiente relación. Tras la primera cita dedicará todos sus pensamientos a Paloma, perderá el apetito y se sentirá como si estuviera flotando sobre las nubes. Ella se convertirá en el centro de su mundo, y bajo la influencia de la dopamina (que favorece el aprendizaje de nuevos estímulos) y de la norepinefrina (que aumenta la capacidad de recordar dichos estímulos novedosos) Pablo grabará en su memoria los más minúsculos detalles de los momentos disfrutados junto a ella. Afortunadamente, en el cerebro de Paloma estará ocurriendo algo muy parecido.

En la segunda fase del amor, la que conocemos como *amor romántico*, que se corresponde precisamente con lo que se suele entender por «estar enamorado», las personas manifiestan lo que puede definirse como una evidente *atracción sexual selectiva*. La dopamina incide en los circuitos cerebrales de la motivación y nos empuja a alcanzar un objetivo concreto, lo que nos lleva a adaptarnos a sus gustos con el fin —a menudo inconsciente— de tener más cosas en común con esa persona, como el gusto musical o el estilo de ropa, y fomentar así la afinidad todo lo posible. De hecho, si nos encontráramos con obstáculos para lograrlo, se produciría el llamado *efecto Romeo y Julieta*, en el que la aparición de adversidades para conseguir al ser amado aumenta la producción de esta hormona en el cerebro y los sentimientos se intensifican.

Los circuitos cerebrales que activa la dopamina, y su actividad en el núcleo caudado, que está relacionada con la consecución de objetivos y recompensas, son los mismos que se ponen en marcha ante el estímulo de la cocaína, la nicotina, los opiáceos y otras drogas. Por esta razón el amor intenso, el amor romántico, se considera una adicción. Los recuerdos obsesivos que se presentan en todo momento en la mente del enamorado le proporcionan felicidad, como la ansiada dosis para un drogadicto. Y en los momentos vividos al lado de esa persona el fenómeno de recompensa en el cerebro se intensifica y estas sensaciones placenteras son las que crean la adicción.

Al principio basta con poco, como ocurre con cualquier estupefaciente, pero cuanto más se avanza en la relación, la adicción aumenta y se necesita que la cantidad de tiempo transcurrido junto al ser amado se incremente. Se trata de un instinto difícil de controlar y es cada vez más fuerte. Cuando es posible disfrutar de esa relación, el efecto es balsámico, y podemos gozar de una dependencia feliz mientras seamos correspondidos. Sin embargo, ante el rechazo, la misma hormona conduce rápidamente a la ansiedad, y la existencia se torna triste, dolorosa e incluso destructiva. Puede producir obsesión, compulsión, deformación de la realidad o dependencia emocional y física, hasta llegar a un punto en el que se estará convencido de que no se puede vivir sin la otra persona. Un estado directamente relacionado con el trastorno obsesivo compulsivo, también conocido como TOC.

Las características propias de esta etapa coinciden plenamente con los síntomas de ese trastorno mental, puesto que los individuos bajo el influjo del enamoramiento no parecen responder a unos criterios racionales de comportamiento. Las personas que padecen de TOC tienden a comportarse de una forma irracional, siendo esclavos de conductas repetitivas y obsesivas. Del mismo modo, en esta fase el individuo *enamorado* altera su comportamiento habitual y empieza a experimentar insomnio y taquicardias (130 pulsaciones por minuto), al tiempo que su organismo libera grasas y azúcares para aumentar la capacidad muscular y se produce un aumento de los glóbulos rojos. Es habitual la falta de apetito, la dificultad para mantener la concentración en algo que no sea la otra persona y, lo que puede ser más peligroso, la total idealización del ser amado, que provoca una imagen totalmente distorsionada.

La psiquiatra Donatella Marazziti llevó a cabo una investigación para la Universidad de Pisa, en Italia, en la que se estudiaron los cambios hormonales en personas diagnosticadas con TOC, centrándose en la serotonina (el neurotransmisor que disminuye cuando una persona se encuentra bajo el influjo de un amor intenso). En este caso los individuos que se prestaron al estudio, aparte del grupo comparativo que padecía de TOC, cumplían tres requisitos: habían sido rechazados por el ser amado, pensaban en esa persona al menos cuatro horas al día y nunca habían llegado a mantener relaciones sexuales con ella. Los resultados relacionaron la carencia de esta hormona con la ansiedad, la obsesión, la depresión e incluso el comportamiento agresivo y descubrieron que en ambos casos un individuo puede pasar horas concentrada en un solo objeto o persona en particular. Muchos eran conscientes de la irracionalidad de su obsesión, pero admitían ser incapaces de hacer nada por controlarla.

La buena noticia es que el tiempo todo lo cura, y transcurridos entre doce y veinticuatro meses los análisis se repitieron y descubrieron que aquellas personas a las que les partieron el corazón habían recuperado sus niveles normales de serotonina y ya no sufrían por culpa de un amor no correspondido.

Compatibles por atracción

Afortunadamente, en el caso de Pablo y Paloma todo transcurre dentro de los límites de lo normal (al menos de momento). Ha quedado claro que en el interior de él se ha desatado una oleada de hormonas que han revolucionado su vida de arriba abajo. Y todo tras sentir ese flechazo inesperado que lo dejó prendido de aquella mujer que veía por primera vez. Pero ¿qué ocurre con Paloma? Pues bien, ella también se está empezando a enamorar. Quizá no de forma instantánea como le ha ocurrido a Pablo (ya que el amor a primera vista realmente no es lo más habitual y se da en menos proporción en el sexo femenino) pero en cuanto lo conoce e intercambia algunas palabras con él, puede sentir la atracción y se muestra visiblemente interesada. Después, en la primera cita le agrada lo que ve y lo que oye de su pretendiente. De forma inconsciente su cerebro accede a la sabiduría que portan nuestros genes, y por ello se siente atraída por su voz grave (signo de un alto nivel de testosterona), lo que se traduce biológicamente en una buena calidad de su virilidad.

Lo mismo ocurre con su mandíbula angulosa y la anchura de su espalda, aunque, por las razones evolutivas que ya he mencionado en páginas anteriores, la mujer cuenta con otros parámetros para evaluar al posible candidato: cualquier dato que pueda ayudarle a seguir ese instinto que la lleva a poder evaluar la personalidad del hombre. Las mujeres elaboran un intrincado puzle mental, que podría estudiarse psicológicamente, en el que entra en juego el subconsciente y en el que las correspondencias con la figura paterna de su infancia son determinantes. Por lo general, el mecanismo masculino es mucho más sencillo; los hombres solemos basarnos, casi exclusivamente, en lo que nuestros ojos nos muestran.

Nadando en feromonas

Hemos llegado al punto en que Pablo y Paloma están pensando uno en el otro constantemente. La dopamina está en plena ebullición, y ha llegado el momento de dar el siguiente paso en una relación que se ha mantenido platónica hasta el momento. Están en casa de ella, charlando tras una exótica cena. Sus cuerpos se encuentran inclinados hacia delante, dirigidos hacia la otra persona, ambos ladean la cabeza cuando hablan, sonríen abiertamente, sus pupilas están ya dilatadas, Paloma enrosca sus dedos en un mechón de pelo nerviosamente mientras se muerde el labio... Ambos corazones laten más rápidamente de lo normal y, aunque ninguno de los dos sea consciente, flota en el aire un cóctel de feromonas.

Estas sustancias (cuya liberación influye en el comportamiento de otros miembros de la misma especie) son inodoras para el ser humano, que sin embargo las capta de forma inconsciente a través del órgano vomeronasal, que envía la información directamente al hipotálamo, área cerebral donde se localizan los instintos sexuales. Las copulinas son producidas en la vagina y los androstenoles* se secretan a través de las axilas masculinas. Hay muchos experimentos que muestran el efecto que provocan. En algunos de ellos incluso se ha observado el potente efecto contrario, como por ejemplo, el rechazo que produce en los hombres una silla o una cabina telefónica que haya sido rociada con feromonas masculinas, sin que ellos puedan explicar la razón.

Hoy en día la cultura a la que pertenecemos ejerce una poderosa influencia sobre cada uno de nosotros, y ya no somos esos animales que se dejan llevar por la llamada de la naturaleza. Sin embargo, nuestros instintos, aunque actúan siempre en un segundo plano, aún están vivos y cuando llega el momento, se activan. Por muy civilizados que estemos,

---

* Las copulinas son feromonas femeninas; los androstenoles, masculinas.

el mecanismo de supervivencia como especie (mediante la reproducción sexual) que prima sobre todo lo demás siempre se pone en marcha. El instinto animal de apareamiento, con su despliegue químico y sus rituales, sigue intacto en la especie humana.

Las estrategias evolutivas que nos han llevado a ser quienes somos permanecen latentes bajo la piel, aunque hayamos adaptado el entorno a nuestras propias exigencias y ya no necesitemos adaptarnos nosotros al mundo que nos rodea. Lo interesante es observar cómo funcionan estas reminiscencias ancestrales que nos definen como especie.

Bajo la superficie del plano consciente, nuestro organismo decide que los genes del otro son ideales para combinarlos con los nuestros. El olor corporal de una persona (además de procurarnos una información invisible e inconsciente que solo el cerebro sabe descodificar) conecta de una forma eficaz con los registros que guardamos en nuestra memoria y lo más asombroso es que esta memoria puede ser heredada genéticamente.

Un estudio de la Universidad de Emory, en Atlanta, publicado en 2013 en la revista *Nature Neuroscience*, mostraba los resultados de unos experimentos en los que expusieron a unos ratones a la acetofenona, una sustancia de olor afrutado, al mismo tiempo que recibían una leve descarga eléctrica. Como es de esperar, al cabo de un tiempo, cada vez que percibían ese olor los animales huían, imaginando la descarga que les esperaba. Sin embargo, la parte más curiosa llegó cuando los descendientes de estos ratones fueron expuestos al mismo olor y, sin haber tenido nunca contacto con sus antepasados, reaccionaron de igual manera, tratando de ocultarse ante esa amenaza que había quedado grabada en sus genes.

Si una experiencia traumática, o quizá placentera, puede transmitirse a las siguientes generaciones, también es posible que nuestro *mapa del amor* (por el cual nos guiamos de forma totalmente inconsciente para escoger a la persona con la que deseamos emparejarnos) contenga parte de esta información, como un mosaico hereditario formado con las experiencias de todos los ancestros que nos preceden.

Algo que sí sabemos es que el olfato influye directamente en el estado de ánimo y por tanto el olor puede ser un factor importante en la toma de decisiones. Es por esta razón por lo que en los últimos años las grandes cadenas comerciales de todo el mundo ambientan sus establecimientos de forma muy particular: envolviéndonos con un aroma específico y estimulante para empujarnos a comprar sus productos.

Me viene a la cabeza una peculiar anécdota relacionada con esto: Napoleón Bonaparte, tras ganar la batalla de Marengo, en Italia, el 14 de junio de 1800, envió a su más veloz corcel a la capital de su imperio, con un escueto pero significativo mensaje para su esposa, Josefina: «Vencí. Viajo a París. Llego en tres días. No te bañes».

Saltan chispas

Regresando a la escena que está teniendo lugar entre Pablo y Paloma, sabemos que la dopamina que sus cerebros están liberando en grandes cantidades está haciendo que se sientan muy bien en compañía del otro. Alimentan la adicción que el propio amor ya demandaba. Y entra en escena la oxitocina, también llamada la «hormona del amor», que se produce en el hipotálamo al recibir caricias, besos y abrazos. Es la responsable de la aparición del sentimiento de apego y tiene un papel importante a nivel reproductivo, al estar relacionada con la conducta maternal y paternal. Se segrega durante el parto y la lactancia, para alimentar el vínculo entre la madre y el recién nacido. Pero también experimentaremos una placentera oleada de esta hormona, que aumentará hasta un 400% respecto a sus niveles habituales, durante el orgasmo.

La relación sexual revoluciona las sustancias químicas de sus cerebros. Ambos rebosan testosterona, una hormona que, aunque solemos relacionar únicamente con la masculinidad, lo cierto es que la mujer también la produce durante el acto sexual, se cree que incluso en mayores cantidades que el hombre. Desde luego, en el momento de máxima excitación, los niveles de testosterona son considerables en ambos. La cascada de sensaciones que se ha apoderado de ellos es la responsable de desatar las erecciones, las secreciones genitales, el aumento del pulso, la aceleración de la respiración o las palpitaciones. El cuerpo de Pablo, especializado en la producción de andrógenos, se excita ante los estímulos visuales que la sensualidad de su compañera le está regalando. Al mismo tiempo, el organismo de Paloma, rebosante de estrógenos, siente un placer especial ante los susurros de él. La excitación se intensifica a través del oído. Mientras tanto, la oxitocina, que va aumentando, empieza a construir el sentimiento de apego entre ambos. Cuando alcanzan el orgasmo, una explosión de esta hormona ayuda a fortalecer el vínculo que se había ido creando poco a poco.

Love is in the air

Tras el estallido sensorial, Paloma y Pablo se quedan abrazados sobre la cama. Las feromonas que inspiran a través del sudor, la sensación de recibir una caricia sobre la piel resbaladiza e hipersensible y el sabor de la saliva del otro todavía en la boca se mantienen durante unos momentos, como una instantánea invisible que ambos atesorarán por mucho tiempo, porque, si no hay elementos externos que lo impidan, el milagro ya ha ocurrido. En estos momentos podemos decir que están profundamente enamorados.

Se hallan en la primera fase del amor romántico, una etapa que durará entre uno y cuatro años y que satisfará las necesidades biológicas de emparejamiento que su naturaleza les impone, tengan o no descendencia. Cuando esa etapa concluya, la relación podrá darse por terminada o bien se adaptará a los cambios, para iniciar la siguiente fase del amor.

¿Amor o deseo?

En la Universidad de Concordia, en Canadá, el equipo del psicólogo James Pfaus llevó a cabo una serie de estudios en los que comprobaron la actividad neuronal de personas enamoradas mientras miraban alternativamente fotografías de su ser amado e imágenes de contenido erótico. Llegaron a la conclusión de que el amor y el deseo tienen patrones cerebrales distintos, pero, al mismo tiempo, ambos estados comparten algunas estructuras (corticales y límbicas). Las neuronas que se estimulan a través del sexo se enfocan en el placer inmediato y la obtención de recompensa, mientras que el amor activa áreas distintas, relacionadas con el pensamiento abstracto, una capacidad que es exclusiva del ser humano. Y

INFIELES POR LA QUÍMICA

El ser humano no es la única especie animal en la que se da la monogamia. Hay unas cuantas especies más fieles que nosotros —y lo son intuitivamente sin reglas morales de por medio—. Uno de los ejemplos más curiosos es el del ratón de las praderas (*Microtus ochrogaster*), que es especialmente fiel. Los machos de esta especie, una vez han escogido pareja, permanecerán a su lado de por vida, y son tan buenos padres que son ellos los encargados de cuidar a las crías.

Con estos roedores se han hecho múltiples experimentos; en la búsqueda de comprender mejor la monogamia, algunos estudios llegaron a aislar la que podría considerarse la hormona de la monogamia: la vasoseprina. Si se les inyecta un fármaco que la bloquee al tiempo que haga disminuir la oxitocina (sustancias relacionadas con el apego en la pareja), dejan automáticamente de ser fieles a sus compañeras. Ambos neurotransmisores son clave para establecer lazos. También descubrieron que esta sustancia bloqueadora, llamada corticotropina, atenuaba la depresión que sentía el animal cuando su pareja había fallecido. Al disolver los lazos que le ataban a ella, el roedor que había sobrevivido parecía sentirse un poco más animado.

Sobre la base de estos estudios se han hecho pruebas para la creación de un fármaco que pudiese aliviar los dolores del desamor. No se descarta que en un futuro existan estas pastillas, pero de momento son pocos los profesionales que aconsejarían este tratamiento. Al bloquear la liberación de la dopamina y la oxitocina, además de cortar químicamente los lazos con la persona que nos ha roto el corazón, algo que podría hacernos sentir bien temporalmente, estaríamos cerrando las puertas a un posible nuevo amor, que, de llegar, nos envolvería otra vez en la magia hormonal del enamoramiento. Una persona nueva que ocupara nuestros pensamientos nos alejaría de aquel desamor y nuestro corazón roto se iría reparando con besos y caricias. En este caso existe un dicho popular que, en algún caso en concreto, encaja a la perfección: «Un clavo saca a otro clavo».

es precisamente la activación de estas áreas lo que marca esta etapa del amor romántico, que para muchos es la más bella de todas, la que refleja el amor verdadero. La atracción física, que también estará presente, se reforzará con la atracción intelectual y paulatinamente se pasará del «te deseo» al «te quiero». La relación ideal mantendrá unos niveles óptimos de dopamina, alimentada mediante besos y caricias, en concordancia con la oxitocina, que se libera ante las novedades, las sorpresas agradables y las experiencias estimulantes. Al mismo tiempo, en nuestro organismo aumentará la presencia de la vasopresina, considerada la «hormona de la monogamia». Más adelante hablaré de ella con más detalle.

Estos dos neurotransmisores principales representan el *sistema de apego básico*; en el caso de la especie humana, podemos calificar esta zona cerebral como *sustrato neuronal del amor puro*. Quizá debido al azar, o a una estrategia de la evolución, los circuitos que se activan al identificar a la pareja escogida se fusionaron con los encargados de provocar el placer sexual, y la suma de ambos es el fenómeno del amor más puro, el amor irresistible.

SUPERANDO FASES

Los meses pasan, y Pablo y Paloma siguen enamorados. Cada vez se conocen más el uno al otro y su amor es, además de físico, intelectual. Como decía, es una fase hermosa en una relación de pareja, pero no va a durar para siempre. Nada en esta vida dura eternamente, y si somos conscientes de esta máxima, podremos ser más felices. Teniendo en cuenta que se trata de una reminiscencia de nuestra naturaleza primitiva, tiene sentido que no se suela alargar más allá de los cuatro años. El tiempo justo para engendrar una criatura, que nazca y que llegue a ser lo suficientemente grande. De esta forma, si el hombre desaparece y la mujer se queda sola con el pequeño, no le supondrá un problema demasiado grave, porque ya podrá valerse por sí misma para mantenerlo y criarlo a fin de que llegue a la edad adulta en el mejor estado posible.

No es una casualidad que en la cultura occidental un número muy elevado de divorcios se dé justo a los cuatro años de haberse emparejado. De hecho, algunas teorías sostienen que el hombre sentirá, de forma inconsciente, la necesidad de cambiar de pareja cada cuatro años. Puede reflejarse en una tendencia a mirar a desconocidas por la calle o a coquetear con compañeras de trabajo, quizá de una forma tan sutil que el individuo pueda atribuírselo a la llegada de la primavera, al *gin-tonic* del viernes o a recientes cambios en su dieta. Sin embargo, la razón responde a soluciones adaptativas que nuestra especie ha incorporado para perpetuar la vida y expandir nuestro ADN, lo que no significa que hayamos de sucumbir a las inclinaciones de la naturaleza. La razón está siempre por encima de los instintos biológicos.

Amor maduro

¿Qué sucede cuando superamos la etapa del amor romántico? Pongamos que Pablo y Paloma se casaron y se fueron a vivir juntos; sin embargo, transcurridos unos años la monotonía comienza a amenazar la felicidad de la pareja.

Los detalles de la personalidad del otro que antes parecían curiosos y originales ahora son claros defectos, ya que, cuando una relación se afianza, poco a poco nos bajamos de los pedcstales en los que mutuamente nos habíamos colocado. La ceguera del amor pasional ha desaparecido y el desgaste de la rutina ha ido minando la complicidad de la etapa romántica. El sexo, las caricias, los abrazos... cada vez serán menos frecuentes y ambos cónyuges se irán alejando, hasta que su relación romántica no sea más que un recuerdo lejano. Por esta razón es importante no descuidar los niveles de oxitocina, manteniéndolos altos mediante besos y abrazos que duren más de seis segundos, y continuar liberando dopamina, por lo que deberemos enfocarnos en realizar actividades nuevas y sorprendentes en pareja, que nos alejen de la rutina.

Hace unos años se hizo viral un hermoso vídeo creado para una campaña del gobierno chino, que animaba a sus ciudadanos a que se lo pensaran mejor antes de divorciarse. En él vemos a una pareja joven; el chico quiere el divorcio y le presenta los papeles a la que todavía es su mujer. Ella accede:

—De acuerdo. Firmaré. Pero con una condición. Que me abraces una vez al día en lo que queda de mes.

En las siguientes escenas, vemos cómo la chica se cita con su marido en diferentes localizaciones de la ciudad que han significado algo especial para ambos, para darse allí un largo abrazo: el sitio donde se dieron el primer beso, el del primer «te quiero», el restaurante donde tuvo lugar la petición de mano y, por último, el punto justo donde se conocieron. Él empieza siendo reacio, pero día a día se va entusiasmando, y al final, cuando la chica le entrega los documentos firmados, él corre tras ella. Ha recordado los detalles que le hicieron enamorarse y el amor que permanecía aletargado ha despertado de nuevo.

Es fácil que la rutina ahogue los sentimientos y el amor acabe por marchitarse, pero también es posible aprender a regar y alimentar ese amor para que se adapte a los cambios, al mismo tiempo que nosotros, y perdure mucho tiempo.

Amor sabio

La tercera fase del amor, la del apego, puede ser muy hermosa y colmarnos de satisfacciones. Inicialmente este sentimiento primigenio está relacionado con la necesidad de poseer al otro y con el deseo inconsciente de fusión basado en las ideas de Platón. El perfil adictivo sigue activo en nuestro organismo, y nuestra biología nos puede llevar fácilmente a sentirnos los dueños de nuestro cónyuge, empujados por esa necesidad emocional y bioquímica.

Sin embargo, podemos canalizar esta necesidad de posesión haciendo que fluya hacia la interdependencia, es decir, un estado de influencia mutua que nos permita mantener el vínculo de forma equilibrada. Es necesario alimentar la relación, sin dejar al azar de la bioquímica lo que podamos sentir por la otra persona. Dejar nuestros sentimientos a su suerte, sin invertir tiempo en nuestra pareja ni dedicarle atención, puede sumergirnos en una cómoda inercia, pero no estará avivando las brasas de lo que hemos llegado a sentir por ella.

En las dos primeras fases de la relación amorosa, los enamorados están flotando, se idealizan mutuamente y creen que el amor superará cualquier desacuerdo. Y así es. No obstante, tras algunos años viviendo juntos, compartiendo sus días, sus vidas, sus sueños y sus pensamientos, es habitual que los desencuentros salgan a relucir. Algunos pueden ser importantes, opiniones opuestas que afectarán a la vida en común y que merecen ser debatidas —como lo referente a los hijos, la economía familiar o el cuidado de los progenitores—, pero otros muchos estarán basados en aspectos mínimamente relevantes magnificados por el desgaste, y a veces una trivialidad puede convertirse en una discusión de campeonato.

Por esta razón existen muchas piedras con las que tropezar en el camino, muchos palos que atraviesan nuestras ruedas y muchos imprevistos que nos empujan a desistir. Y aquí entra en juego la compenetración, la complicidad. Está en las manos de ambos esforzarse por construir algo mejor y no renunciar a la felicidad a pesar de llevar décadas casados.

Pablo y Paloma han pasado juntos muchos años. Se quieren pero la convivencia empieza a hacer mella en ellos. Sin embargo, su dedicación mutua y el hecho de sentirse amados los llenan de felicidad cada día a pesar de que hace tiempo que los niveles de oxitocina y de dopamina no se vuelven locos como hacían antes. Llegados a esta fase, son cuatro los rasgos del amor que deben estar siempre presentes para que la relación siga funcionando y contribuyendo a nuestra felicidad:

Apoyo: es importante sentirse apoyado, al menos en los aspectos fundamentales. Aunque es bueno discrepar y explayarse en inteligentes discusiones en las que cada uno presente sus puntos de vista —dos personas con idénticos intereses e ideas se aburrirán como ostras a la hora de convivir—, para afianzar una relación estable es fundamental coincidir en los aspectos más importantes. Si, por ejemplo, Paloma ha decidido no tener hijos, pero Pablo quiere tener tres, y a pesar de lo que distan sus opiniones ninguno da muestras de ceder, no podrán compartir un proyecto de futuro y la relación se resentirá gravemente.

Admiración: en el momento en que perdemos la capacidad de admirar a la otra persona, por un cambio en nuestra forma de pensar o por una variación en su manera de actuar, es imposible que podamos seguir amándola. La buena convivencia, en la que se da una comunicación fluida y en la que día a día los cónyuges se retroalimentan, favorece el mutuo descubrimiento progresivo, una atmósfera en la que la admiración y la capacidad de asombro permanecen intactas.

Complicidad: convertirse en los «mejores amigos», ya que, por supuesto, sin amistad no podemos crear un vínculo de apego amoroso a largo plazo. Debemos sentir una profunda afinidad; que nuestro cónyuge sea nuestro mejor amigo, nuestra compañía favorita, garantiza la fortaleza del vínculo, la armonía y la estabilidad.

Confianza: no puede haber complicidad sin confianza, una confianza basada en la sinceridad y que alimente la seguridad emocional.

Esas son las bases del amor sabio, del auténtico amor. Puede que cuando mires a tu pareja ya no sientas las mariposas en el estómago que te hacían vibrar ante la novedad, pero a cambio habrás ganado seguridad. Conoces su cuerpo, lo que le satisface, y es algo mutuo. Del mismo modo, tu pareja ha aprendido a tocarte exactamente como te gusta y sabe cómo moverse para hacerte disfrutar. Pasen los años que pasen, la agradable oxitocina seguirá invadiendo nuestro cerebro en cada nuevo orgasmo.

SEGUNDA PARTE

¿POR QUÉ NOS SUCEDE LO QUE NOS SUCEDE?

Tras plantear los orígenes biológicos del sentimiento amoroso, las razones antropológicas y la revolución que tiene lugar en nuestro cerebro con semejante torbellino de química cerebral, llega el momento de entender cómo podemos aplicar en el día a día del mundo real lo que ya sabemos. A veces, al observar nuestra vida nos da la impresión de que, tal y como narraban los clásicos, somos simples marionetas en manos de los caprichosos dioses del Olimpo.

Mi objetivo en los próximos capítulos es ayudarte a comprender que esto no es así, que no eres una hoja de arce que flota a la deriva sobre un riachuelo. La vida no es un caballo desbocado; las riendas están en tus manos, aunque a veces no lo parezca. Y en esas ocasiones en las que nuestra existencia nos resulta errática y fuera de control es bueno tener a mano un espejo arquetípico en el que mirarnos y con el que aprender a ver las carencias desde las que hemos construido nuestro mundo. Espero que las páginas que siguen cumplan esa función y te ayuden a identificar lo que te ha sucedido y a entender los porqués.

Cupido, ese dios ciego y alado que a estas alturas tan bien conocemos, lleva siglos disparando con su arco a diestro y siniestro, sin plantearse la dirección que tomarán sus flechas cargadas de amor. Parece actuar sin un plan definido; sin embargo, tal y como iremos viendo, en realidad existe una poderosa fuerza biológica que actúa en la sombra. No es siempre evidente y es incluso capaz de unir a personas muy diferentes entre sí, creando las parejas más insólitas. A veces esas relaciones pueden durar horas; otras, más de medio siglo.

¿POR QUÉ ME ENAMORO DE QUIEN NO ME CONVIENE?

El amor es una especie de imbecilidad transitoria.

José Ortega y Gasset

Muchos terapeutas dirán que esta es la pregunta del millón, y aunque se han realizado múltiples investigaciones en un intento de analizar el tema, para explicar este fenómeno solo contamos con hipótesis. La antropóloga Helen Fisher lo lleva indagando mucho tiempo, e incluso publicó un libro monográfico sobre el tema, pero en sus estudios no dio con ninguna evidencia física ni hormonal que determinase la preferencia que sentimos por una persona en concreto.

Y el mismo vacío de datos se da en el reino animal. La naturista Cynthia Moss estudió durante años a un grupo de elefantes africanos, y aunque recabó información valiosísima sobre la forma en que se interrelacionaban y su apareamiento, no supo encontrar explicación a los «flechazos». Según explica en su libro, un elefante hembra se dedicaba a ignorar y despreciar a todos los pretendientes que se le acercaban, hasta que descubrió a un macho específico y su comportamiento cambió. Empezó a coquetear con él, para el asombro de los investigadores.

Cuando estos mecanismos que forman parte del apareamiento y de la necesidad de perpetuar el ADN se refieren a una especie no humana, se emplea la definición *favoritismo animal*, o bien el término más técnico, *proceptividad selectiva*. Varios estudios académicos han analizado esta atracción en diferentes especies hasta concluir que ese magnetismo inexplicable puede establecerse entre ambos individuos en un solo segundo, pero un segundo decisivo. Lo poco que sabemos con seguridad es que el sistema de recompensa del cerebro, del que ya he hablado antes, está involucrado en el proceso.

TEORIZANDO SOBRE EL AMOR

Son varias las teorías que tratan de explicar por qué se escoge a una persona y no a otra durante el fenómeno del enamoramiento. Una de ellas defiende que tenemos instalada una imagen inconsciente de la pareja que buscamos y que cuando nos topamos con la persona que encaja en ese perfil instantáneamente suena una campanita en nuestra cabeza y se produce el flechazo inmediato. Otros afirman que esa imagen preconcebida se forma durante la infancia, donde creamos, mediante retazos extraídos de diferentes experiencias, los atributos que ha de tener la persona de la que nos vamos a enamorar. Y se suele afirmar que se busca, inconscientemente, un perfil que encaje con el nuestro, con el que compartamos rasgos a nivel físico, cultural, intelectual, socioeconómico, etc. Sin embargo, esta última idea choca de pleno con lo que la realidad nos muestra, ya que una gran proporción de las parejas son completamente distintas entre sí, siendo fieles al dicho: los polos opuestos se atraen.

Hay otra teoría, algo más freudiana, que asegura que en la pareja buscamos aquello que no tuvimos en la infancia y que en gran parte de los casos repetimos la imagen que tenemos de aquella figura paternal o maternal que nos faltó en el momento clave. Las mujeres tienden a enamorarse de hombres con el mismo perfil que su padre y los hombres se verán atraídos por el reflejo de su madre. La otra variante de esta teoría, la del espejo, propone que la persona con la que nos emparejamos es un reflejo de nosotros mismos, incluso un reflejo inverso, ya que en ocasiones muestra precisamente lo que creemos que nos falta. Es por esta razón por la que una persona que en las discusiones explota enseguida pero luego se calma se empareja con otra que se mantiene en silencio pero que después se guarda el rencor durante días. Mediante esta unión, uno ha de aprender a no estallar ante la mínima discrepancia, a pensar más antes de hablar, mientras el otro se esfuerza por ser más comprensivo y por quitarle importancia a aquello que no la merece.

En ambos casos, todo parte de los patrones que hayamos construido mentalmente en nuestra infancia, que vendrán dados en función de lo que hayamos visto y vivido, del papel que representaban nuestros padres o de la figura paterna/materna que hayamos tomado de modelo. El arquetipo de la pareja proviene de ahí, y es muy importante sanarlo, aceptarlo, trayéndolo a nuestra realidad crítica, para que deje de controlar los mandos de nuestra vida desde la profundidad de la inconsciencia. De lo contrario el patrón se repetirá, una y otra vez.

Otra teoría, más reciente y, quizá, más espiritual, está basada en la pirámide de Maslow, propuesta por el psicólogo humanista Abraham Maslow en 1943 y que se basa en la jerarquía de necesidades que tiene todo ser humano. En la base de la pirámide, encontramos las necesidades más básicas para vivir, y la relación va ascendiendo hasta llegar a la cumbre, donde empezamos a enfocarnos en el desarrollo personal:

- **Necesidades fisiológicas**: son indispensables para la supervivencia, como el oxígeno, el alimento, el agua o las horas de sueño.
- **Necesidades de protección**: salen a relucir cuando se satisfacen las primeras, y son las que nos llevan a necesitar estabilidad, seguridad y la sensación de sentirnos a salvo.
- **Necesidades de pertenencia**: cuando las dos primeras fases están cubiertas, tenemos el anhelo de pertenecer a un grupo social, de emparejarnos, de sentirnos parte de algo más grande... Actualmente las redes sociales y otras comunidades de Internet cubren buena parte de esta inquietud.
- **Necesidades de reconocimiento**: en este nivel se encuentra también la necesidad de desarrollar la autoestima y llegamos a él tras satisfacer nuestros anhelos de sabernos parte de un grupo o familia. El reconocimiento es tanto externo, al cubrirse cuando otros aprecian lo que hacemos, como interno, cuando nos sentimos satisfechos por lo que hemos logrado.

- **Necesidades de autorrealización:** es el último eslabón de la cadena, que nos lleva a buscar un sentido a la vida, desarrollarnos espiritualmente y dar con la misión personal que debemos llevar a cabo para mejorar el mundo y ser felices.

Podemos entender estos cinco peldaños como cinco pilares que sostienen a una persona que se siente bien consigo misma, con todas sus necesidades cubiertas y felicidad en su corazón. Teóricamente, en este mundo que vivimos, tan avanzado y tan desarrollado, todos deberían tener cubiertas estas necesidades, pero no es así. Independientemente de la situación geográfica o sociocultural en la que nos haya tocado nacer, lo que vivamos durante nuestra infancia determinará de forma contundente las carencias que tendremos de adultos y que querremos cubrir inconscientemente, aunque eso nos empuje a tomar malas decisiones.

Te invito a reflexionar sobre estas necesidades básicas y a repasar tranquilamente tus recuerdos en busca de los momentos en que se vieron colmadas. Es posible que no encuentres demasiadas muestras para alguna de ellas, pero no te preocupes, es lo que nos ocurre al 99% de los seres humanos, y no tiene nada que ver con el poder adquisitivo que se tuviera durante la infancia. Es posible que una persona haya nacido en una familia pudiente, pero que haya crecido sin que sus padres ni otros adultos expresaran el orgullo que sentían por sus buenas actuaciones. Quizá en esa casa se diera por hecho que debía sacar buenas notas y nadie lo felicitara por su esfuerzo y por su inteligencia. Si esta persona creció sin sentirse ni reconocida ni valorada por su entorno, en la edad adulta buscará en su pareja potencial a alguien que reconozca su valía y se lo comunique a menudo. Su cerebro tendrá instalado un patrón, basado en el sistema de atención reticular, llamado SAR, que lo empuje a fijarse en aquellos que lo admiren, que le ofrezcan el reconocimiento que sus padres no supieron darle.

En realidad, esta motivación no es un problema por sí misma. De hecho, lo maravilloso en una pareja sería que ambos miembros reconociesen los logros del otro y se apoyasen mutuamente en sus proyectos, pero una relación sana no puede estar basada únicamente en cubrir aquella necesidad que nos negaron de pequeños. Por esta razón hay quienes, tras una serie de emparejamientos fallidos, se dan cuenta de que han acabado enamorándose del mismo tipo de persona y que aquella unión estaba abocada al fracaso desde el principio. Hemos de ser conscientes de las carencias que arrastramos desde la infancia y que marcan, aunque sea a un nivel muy sutil, nuestra vida adulta, para idear maneras de cubrirnos a nosotros mismos ese anhelo y así convertirnos en una persona más completa, lista para embarcarse en una relación sana, y no en una que venga a tapar momentáneamente los agujeros. No es una tarea fácil, pero a lo largo de las siguientes páginas voy a intentar ayudarte a dar con algunas soluciones.

Sea lo que sea lo que nos empuja a construir inconscientemente nuestro mapa del amor, aquel que nos guía para encontrar a la persona que nuestra intuición considera perfecta, lo que está claro es que no es un capricho del azar ni una cuestión de voluntad. Lo único que sabemos es que el enamoramiento no se escoge.

A lo largo de una relación de pareja, incluso sin que esta se establezca oficialmente, se observan muchos estados similares al enamoramiento, aunque no llegan a serlo exactamente. Gran parte de esos amores tienen poco de amor propiamente dicho. Puede haber pasión, deseo, capricho, interés, obcecación (al haber recibido previamente un rechazo), etc., pero no un conocimiento auténtico del otro. Uno se puede quedar deslumbrado ante determinados aspectos, como la belleza, la elegancia, la sencillez, la naturalidad, el dinero, la inteligencia, el alarde de valores espirituales, la amabilidad, la empatía o un conjunto de ellos, de forma que inconscientemente se sobrevalora a esa persona y se cae en la fascinación. Estos atributos que admiramos pueden poner fácilmente en marcha el proceso del enamoramiento, y se construye entonces el personaje objeto de nuestro deseo que acaparará toda nuestra atención. Al ignorar que el subconsciente tal vez haya podido magnificar sus cualidades hasta modificar la realidad, nos volvemos ciegos a sus imperfecciones y defectos.

ENAMORADAS DE MONSTRUOS

El 29 de abril de 1945, a varios metros por debajo de la Cancillería alemana, en un sórdido búnker, Eva Braun contraía matrimonio con el hombre al que amaba y a quien el resto del mundo consideraba un monstruo, responsable de la guerra más cruenta del siglo XX y del exterminio de seis millones de seres humanos en nombre de sus retorcidos ideales. Días atrás, Eva se encontraba lejos y a salvo, con la posibilidad de huir o de quedarse con su familia y sobrevivir. Sin embargo, cuando el ejército ruso ya amenazaba la capital, decidió regresar a Berlín junto a su amante. Lo había conocido dieciséis años atrás, cuando ella aún era menor de edad, por lo que hacía ya tiempo que la alemana había escogido compartir el destino de Adolf Hitler, pasara lo que pasase. ¿Cómo es posible que las flechas de Cupido actuasen esa vez haciendo que una adolescente se enamorara de alguien que se convertiría en una de las figuras más odiadas del planeta? Hay quien podría mencionar la erótica del poder: al fin y al cabo, no hay despiadado dictador que no haya recibido montañas de cartas de mujeres fascinadas o encaprichadas con él. Pero el amor de Eva era tan fuerte que lo acompañó hasta el final: «Desde nuestro primer encuentro juré seguirte a cualquier lugar, hasta la muerte. Solo vivo por tu amor». Son palabras que dejó escritas en 1944, tras el atentado que a punto estuvo de acabar con la vida del *Führer*. Y resultaron ser proféticas, ya que horas después del enlace ingirió una cápsula de ácido prúsico mientras su recién estrenado marido se pegaba un tiro en la cabeza.

Aquello ocurrió el 30 de abril de 1945, dos días después de que Clara Petacci fuera fusilada junto a su amante, Benito Mussolini. Lo admiraba desde muy joven y, tras un encuentro casual, se enamoró ciegamente de ese militar que tanto llegó a cautivar a las italianas de su época. Clara sentía hacia él un amor sincero e incondicional, amor ciego diría yo, tal y como demostró hasta el final. Cuando se llevaban al *Duce* para ejecutarlo, los antifascistas le dieron la oportunidad de unirse a ellos para salvarse; sin embargo, ella no solo se negó a abandonar a su amante, sino que se lanzó frente a él para recibir el primer disparo que iba dirigido al dictador. Lo último que susurró al oído de Mussolini antes del fatal desenlace fue: «¿Estás contento de que te haya seguido hasta el final?».

Soy consciente de que son ejemplos extremos, ya que afortunadamente las personas con este perfil psicológico genocida y con ese ánimo de destrucción no son abundantes entre los siete mil quinientos millones de seres humanos que poblamos hoy día el mundo; no obstante, existen muchos individuos crueles, violentos, iracundos, malvados, tiránicos, carentes de empatía e infieles que tienen a su lado a una mujer o a un hombre que los ama incondicionalmente.

He querido sacar a colación estos dos ejemplos para reflexionar acerca de las razones, a veces inexplicables, que hacen que una persona se enamore de otra. Razones que rara vez obedecen a la lógica o al sentido común.

PERFILES EMOCIONALES

Podemos reunir muchos datos, muchas experiencias y muchos ejemplos, pero lo difícil es sacar conclusiones veraces sobre qué motivará que nos fijemos en la persona X, que quizá no encaje con el ideal que buscamos, y que, sin embargo, no nos atraiga la persona Y, a pesar de que cumpla a rajatabla todos los requisitos que alguna vez hayamos imaginado para nuestra pareja ideal.

Según Helen Fisher, existen cuatro tipos de personalidades básicas que, aunque tienen dos componentes caracterológicos determinantes —temperamento (rasgos innatos) y carácter (rasgos perfilados por las experiencias vividas)—, dependen en gran medida de factores químicos. En su hipótesis asocia cada uno de esos cuatro tipos a altos niveles de determinadas hormonas. El objetivo de su estudio fue crear una página web —en colaboración con el famoso portal de citas match.com— para encontrar a «la media naranja». Para ello elaboraron un completo cuestionario acerca de la personalidad, con el objetivo de que cualquiera pudiera hacer un trabajo de introspección, responder con sinceridad y descubrir cuál era el tipo de carácter (o qué combinación de estos cuatro) que marcaba su comportamiento, ya que en buena medida determinaría qué era lo que se buscaba a la hora de encontrar pareja.

El explorador: es la personalidad relacionada con altos niveles de dopamina; representa a una persona espontánea, enérgica, que tiende a buscar la novedad y la aventura, que asume riesgos y se deja llevar por la curiosidad, que valora la creatividad y el entusiasmo y se siente optimista.

El constructor: este tipo presenta altos niveles de serotonina, lo que convierte a este individuo en alguien calmado, sociable, que es prudente pero sin dejar de tener confianza en sí mismo, que disfruta de un mundo regido por las normas y que se considera persistente, leal y tradicional. Suelen ser personas bien relacionadas, que pueden liderar tanto una familia como una empresa.

El director: esta personalidad está relacionada con la testosterona y su carácter es decisivo, analítico, directo, exigente, lógico e incluso inflexible. Destaca en el pensamiento estratégico, en el trabajo con fórmulas matemáticas, en la comprensión de sistemas basados en reglas y, por supuesto, es muy competitivo.

El negociador: el cuarto tipo se caracteriza por altos niveles de estrógeno, esa hormona que relacionamos siempre con la mujer pero que también es producida, en menor cantidad, por el hombre. Esta personalidad se diferencia por su «pensamiento en red», ya que le es más fácil pensar contextualmente, conectar hechos dispares y razonar de forma imaginativa. Sus habilidades verbales son superiores. Suele ser flexible, con la mente abierta, además de intuitivo, simpático, idealista y altruista.

Según el estudio, una personalidad *explorador* se sentirá atraída por otros *exploradores*, de igual modo que ocurre entre los *constructores*, que hallarán su compañero ideal entre otros *constructores*. Sin embargo, un *director* se sentirá atraído y completado por un *negociador*, y viceversa.

Es un punto de partida interesante, pero el mundo está lleno de parejas enamoradas en las que no se dan estas combinaciones y pueden ser tan felices como cualquier otra. La chispa del amor nació, no sabremos nunca por qué, y la atracción se abrió paso sin importar lo que pudiese ocurrir alrededor de los amantes, las teorías de compatibilidad reflejadas en estudios universitarios o la eventual conveniencia para cada uno de los cónyuges.

TREINTA Y SEIS PREGUNTAS MÁGICAS

El psicólogo Arthur Aron concibió, hace algo más de veinte años, un curioso experimento sociológico que volvió a ser noticia a principios de 2015. Una periodista estadounidense se sometió ella misma al experimento para un artículo en *The New York Times*, y gracias a él acabó enamorada y emparejada. Se trata de las «treinta y seis preguntas para enamorar y enamorarse».

Inicialmente se plantearon como una herramienta para incentivar de forma gradual la intimidad, no únicamente amorosa, entre dos personas. Se trataba de construir una relación cercana dentro de los límites de un laboratorio, para poder estudiar la forma en que evolucionaba. Curiosamente, una de las parejas que participaron y se conocieron en este estudio acabó casándose seis meses más tarde y, según el investigador, en el año 2010 aún seguían juntos.

No hay estrictos requisitos previos, pero se recomienda que los participantes, a pesar de ser unos desconocidos, no se desagraden físicamente. Deben dedicar un cuarto de hora a cada sección de preguntas y habrán de leer en voz alta una pregunta cada uno, aunque las respuestas han de llegar por ambas partes. En el estudio original, al acabar esta ronda debían alejarse, para responder por separado una serie de preguntas formuladas por los investigadores; sin embargo, la periodista Mandy Len Catron introdujo un último paso que parece decisivo para prender la llama definitivamente y que puede realizarse alejados de los laboratorios y sin supervisión de investigadores: mirarse durante cuatro minutos a los ojos en silencio. ¿Te atreves a probarlo?

Primera sección

1. Si pudieras elegir a cualquier persona en el mundo, ¿a quién invitarías a cenar?
2. ¿Te gustaría ser famoso? ¿De qué forma?
3. Antes de hacer una llamada telefónica, ¿ensayas lo que vas a decir? ¿Por qué?
4. Para ti, ¿cómo sería un día perfecto?
5. ¿Cuándo fue la última vez que cantaste a solas? ¿Y para otra persona?

6. Si pudieras vivir hasta los noventa años y tener el cuerpo, o la mente, de alguien de treinta durante los últimos sesenta años de tu vida, ¿cuál de las dos opciones elegirías?

7. ¿Tienes una corazonada secreta acerca de cómo vas a morir?

8. Di tres cosas que creas tener en común con tu interlocutor.

9. ¿Por qué aspecto de tu vida te sientes más agradecido?

10. Si pudieras cambiar algo en cómo te educaron, ¿qué sería?

11. Durante cuatro minutos cuéntale a tu compañero la historia de tu vida con todo el detalle posible.

12. Si mañana te pudieras levantar disfrutando de una habilidad o cualidad nueva, ¿cuál sería?

Segunda sección

13. Si una bola de cristal te pudiera decir la verdad sobre ti mismo, tu vida, el futuro o cualquier otra cosa, ¿qué le preguntarías?

14. ¿Hay algo que hayas deseado hacer desde hace mucho tiempo? ¿Por qué no lo has hecho todavía?

15. ¿Cuál es el mayor logro que has conseguido en tu vida?

16. ¿Qué es lo que más valoras en un amigo?

17. ¿Cuál es tu recuerdo más valioso?

18. ¿Cuál es tu recuerdo más doloroso?

19. Si supieras que en un año vas a morir de manera repentina, ¿cambiarías algo en tu manera de vivir? ¿Por qué?

20. ¿Qué significa la amistad para ti?

21. ¿Qué importancia tienen el amor y el afecto en tu vida?

22. Compartid de forma alterna cinco características que consideréis positivas de vuestro compañero.

23. ¿Tu familia es cercana y cariñosa? ¿Crees que tu infancia fue más feliz que la de los demás?

24. ¿Cómo te sientes respecto a tu relación con tu madre?

Tercera sección

25. Di tres frases usando el pronombre *nosotros*. Por ejemplo: «Nosotros estamos en esta habitación sintiendo...».

26. Completa esta frase: «Ojalá tuviera alguien con quien compartir...».

27. Si te fueras a convertir en un amigo íntimo de tu interlocutor, comparte con él algo que sería importante que supiera.

28. Dile a tu interlocutor qué es lo que más te ha gustado de él. Sé muy honesto y dile cosas que no le dirías a alguien a quien acabas de conocer.

29. Comparte con tu interlocutor un momento embarazoso de tu vida.

30. ¿Cuándo fue la última vez que lloraste delante de alguien? ¿Y a solas?

31. Cuéntale a tu interlocutor algo que ya te guste de él.

32. ¿Hay algo que te parezca demasiado serio como para bromear al respecto?

33. Si fueras a morir esta noche sin posibilidad de hablar con nadie, ¿qué lamentarías no haberle dicho a alguien? ¿Por qué no se lo has dicho hasta ahora?

34. Tu casa se incendia con todas tus posesiones dentro. Después de salvar a tus seres queridos y a tus mascotas, tienes tiempo para hacer una última incursión y salvar un solo objeto. ¿Cuál escogerías? ¿Por qué?
35. De todas las personas que forman tu familia, ¿qué muerte te parecería más dolorosa? ¿Por qué?
36. Comparte un problema personal y pídele a tu interlocutor que te cuente cómo habría actuado para solucionarlo. Pregúntale también cómo cree que te sientes respecto al problema que has contado.

Con este ejercicio podemos construir una relación íntima, basada en la confianza, puesto que de una manera muy directa y concentrada le hemos revelado al otro detalles sobre nuestra forma de pensar y nuestra vida que no habrían salido a flote hasta al cabo de varios meses, o incluso años. Es la *vía rápida* para cimentar una relación, y bajo mi punto de vista también puede ser interesante realizar esta sesión de preguntas con el propio cónyuge, si sentimos que hace falta prender de nuevo la chispa entre ambos.

ENAMORARSE BAILANDO

Más allá de formularios, experimentos, estudios y teorías hay algo en lo que coinciden todas las publicaciones que han profundizado en esta incógnita: una de las mechas infalibles para encender la llama es la capacidad de hacer reír al otro. Una risa compartida con un extraño crea un sentimiento de cercanía, tal y como demostró un experimento de la Universidad Stony Brook, en Nueva York, realizado por el mismo equipo que diseñó las «treinta y seis preguntas para enamorar y enamorarse», en el que se estudió el efecto positivo que una serie de actividades compartidas ejerce sobre la relación entre dos desconocidos. En una de ellas debían aprender unos pasos de baile mientras uno de ellos llevaba los ojos vendados y el otro iba dando las explicaciones con una pajita de plástico en la boca que le distorsionaba la voz. De esta forma, creando situaciones cómicas, descubrieron que quienes rieron junto a su compañero desconocido se sintieron más cercanos y atraídos hacia esa persona, lo que redujo la tensión inicial y aumentó el poder de atracción.

¡Música! Melancólico alimento para los que morimos de amor, decía Julio Cortázar en su *Rayuela*. Y no deja de ser un elemento ambiental que puede ser decisivo para que en nuestro interior se despierte algo nuevo sobre la persona que tenemos al lado.

En el año 1980, James May y Phyllis Hamilton, de la Universidad Estatal North Adams, en Massachussetts, llevaron a cabo un estudio en el que una serie de mujeres debían observar unas fotografías y puntuar el atractivo de los hombres que aparecían en ellas. Se comprobó que las valoraciones eran más altas cuando de fondo se escuchaba un *rock* suave, con ritmos de batería y un tempo rápido, al contrario de lo que ocurría con otros tipos de música o con la ausencia de esta. Esto nos enseña que el ambiente sonoro que nos envuelve puede ser un factor decisivo a la hora de que se despierten sentimientos por alguien o no, y también pone en evidencia lo poco objetivo que es nuestro cerebro y cómo los estímulos pueden llevarlo por uno u otro camino sin que nos demos cuenta.

En 2009 la psicóloga Cynthia Quiroga, de la Universidad de Fráncfort, publicó un peculiar estudio en el que demostraba cómo el baile puede reducir el estrés y elevar el deseo sexual. Pero no se trata de cualquier baile: se analizaron, en concreto, los efectos del sensual tango argentino.

Se tomaron muestras de saliva de las veintidós parejas de bailarines de tango que se sometieron a este estudio, para investigar su composición química. Además, debían rellenar un formulario para poder valorar las emociones que bailar el tango había generado en ellos. El experimento se repitió varias veces aislando tres factores —música, baile y roce—, para analizarlos por separado y en diversas combinaciones. De este modo pudieron determinar la relevancia de cada variable en el efecto final de la actividad. Los resultados determinaron que la reducción del cortisol, la hormona del estrés, se consigue principalmente a través de la música mientras que el incremento de la testosterona es resultado del baile y del contacto con la otra persona. Sin embargo, solo al combinar los tres factores los cambios hormonales y las reacciones emocionales alcanzaban su máximo nivel.

Al fin y al cabo, toda actividad que resulte nueva y emocionante hará que liberemos oxitocina, esa sustancia que, como ya sabes, se considera la «hormona del amor» y que estimula el área del cerebro relacionada con la conducta sexual. Me referiré una vez más al psicólogo Arthur Aron para hablarte de un estudio que realizó en la década de los setenta. El experimento se llevó a cabo en el puente de Capilano, una de las principales atracciones turísticas de Vancouver: una estructura colgante, de setenta metros de altura y una escalofriante longitud de ciento treinta y seis metros, que atraviesa

el río que le da su nombre. Consistía en que una mujer atractiva se acercaba a los turistas masculinos para preguntarles si
querían participar en un experimento. Si contestaban afirma-
tivamente, ella les mostraba una foto, sobre la que tenían que
hacer un breve comentario. Nada complicado, pero el hecho
de estar sobre un puente colgante que cruje y oscila alimentaba la tensión. Al acabar, la chica les apuntaba su número de teléfono en un papel por si se les ocurría alguna nueva pregunta
acerca del supuesto experimento. Para comparar resultados,
se repitió la misma actividad, con la misma chica, pero en un
parque público, sin ningún peligro. De los dieciocho hombres
con los que habló en el puente de Capilano, nueve se anima-
ron a llamarla, mientras que de la misma cantidad de personas
con las que contactó en el parque, solo lo hicieron dos.

El área cerebral donde se desarrolla la excitación ante
una situación que el cerebro considera *de riesgo* es la misma
en la que se desarrolla la excitación sexual. Por esa razón, ambos estímulos se confunden y podemos sentirnos realmente
atraídos por alguien que hemos conocido en un entorno que
dispara nuestra adrenalina, algo que tal vez no hubiera ocurrido de haberse dado ese mismo encuentro en un ambiente
relajado y tranquilo.

EL AMOR NO CORRESPONDIDO

Anhelar el amor de alguien que no nos lo ofrece y que,
por las razones que sean, nunca va a hacerlo es altamente nocivo. Además, a diferencia de lo que ocurre en otras áreas,
el hecho de persistir y perseverar, llegados a cierto punto,
deja de tener sentido. Con esto me refiero a que cada individuo puede llegar al amor desde una fase distinta: uno puede

experimentar el flechazo inmediato y otro darse cuenta de que ama de verdad a quien hasta ahora había sido solamente una buena amistad, por lo que no tenemos que tirar la toalla ante el primer titubeo. Sin embargo, si la persona de la que nos hemos enamorado es consciente de este amor y ha admitido no sentir nada parecido, la única opción equilibrada y saludable es dar marcha atrás y empezar a desapegarnos de la idea de lograr que se enamore de nosotros. De lo contrario, lo único que conseguiremos es caer en la depresión o la ansiedad. Por esta razón es muy importante ser consciente de ello, para detectarlo a tiempo y empezar el proceso de curación. Y digo curación porque podemos considerar que una pena de amor es un proceso similar a una enfermedad.

La persona que rechaza sufre tanto como aquel que ha sido rechazado. Y no solo por el hecho de que puede estar experimentando el acoso de un amante obsesivo sino también porque la compasión interfiere en la sinceridad y a veces, por temor a herir, se incurre en la ambigüedad, que a la larga resultará mucho más dañina.

Si estás sufriendo de un amor no correspondido, te encuentras en un punto emocionalmente difícil, pero, afortunadamente, la vida es la suma de las decisiones que tomamos en cada bifurcación de caminos. Tienes en tus manos la capacidad de corregir el rumbo y no dejar que esta espiral de dolor te acabe absorbiendo.

A menudo, las personas que han desarrollado un amor intenso por alguien que no les está correspondiendo en la misma medida no se plantean otro escenario que el de seguir alimentando una relación completamente asimétrica. Quizá se dicen a sí mismas algo del tipo «mi amor es tan grande que llega para los dos» o «lo querré tanto que acabará queriéndome»; no obstante, aunque al principio puede resultar fácil, y la recompensa de estar con el ser amado es tan grande que no les importa que en el fondo la otra persona no esté sintiendo lo mismo, poner en marcha una relación de este tipo no será beneficioso para ninguno de los dos. El amor de pareja ha de ser una energía recíproca.

Si estás sufriendo un amor no correspondido, lo que has de hacer en primer lugar es recuperar la autoestima. Seguramente en estos momentos debe de estar en el fondo de tu conciencia, relegada tras una montaña de pensamientos que potencian tu ansiedad y tu desesperación, pero sigue estando ahí. Solo has de reaprender a amarte. Para dar el primer paso debes comprender, aunque te resulte muy difícil, que a pesar de que la persona a la que amas no sienta lo mismo por ti, tú mereces ser amado.

Déjate ayudar. Rodéate de gente que te apoye, que te aprecie, que te valore, y comparte lo que sientes. Ver la luz al final del túnel cuando estás abducido por un intenso enamoramiento no es una tarea sencilla, pero piensa que miles de personas han vivido esto antes. Este no es un trago que debas pasar a solas, al contrario, lo peor que puedes hacer es recluirte. La mayoría de los seres humanos han experimentado el desamor de una u otra manera, así que los testimonios de los demás pueden ayudarte a ver las cosas desde otro punto de vista. Incluso si no han vivido en su propia piel el desamor, quizá tengan un buen consejo que darte, o al menos puedan hacerte compañía durante los malos momentos.

El amor no correspondido nos hace sentir vacíos, incompletos, perdidos y tristes y nos sume en una desesperanza

LIMERENCIA

La limerencia es el estado mental en el que nos sumergimos cuando amamos intensamente. Es fácil confundirla con el enamoramiento, en la medida en que a menudo confundimos pasión con obsesión. Ambas son emociones fuertes, pero mientras que una es fuente de energía y placer, la otra absorbe, bloquea y, en algunos casos, incapacita para cumplir las tareas y actividades cotidianas. Hoy día, la limerencia es considerada como un trastorno psicológico, que nos agita, nos perturba e impide que pensemos en otra cosa que no sea el ser amado, combinado con un deseo atroz de ser correspondido.

Es una situación que puede llegar a ser muy dolorosa, tanto para el que ama como para aquel que es amado con esa intensidad. Si alguna vez lo has vivido, no necesitas más explicaciones; incluso te será familiar si alguna persona de tu entorno ha pasado por ese trance. Las sustancias químicas que se desatan en el cerebro son las mismas que lo hacen durante el enamoramiento, pero al no ser correspondido, en lugar de vivir la felicidad y el gozo que nos proporciona saber que la otra persona siente lo mismo por nosotros, ese cóctel de hormonas desemboca en frustración, impotencia y angustia, estimulando la irritabilidad y el aislamiento del que no está recibiendo el amor que quisiera.

El filósofo chino Lao Tsé dijo: «Amar profundamente a alguien nos da fuerza. Sentirse amado profundamente por alguien nos da valor». No obstante, cuando el sentimiento amoroso no es recíproco, ocurre justamente lo contrario, y esa fuerza, ese valor, se esfuman, lo que afecta terriblemente a nuestra autoestima.

que parece no tener fin. Pero en lugar de encerrarte en ti mismo, haciendo caso a lo que te pide el cuerpo, es importante que asomes la cabeza por encima de tu microcosmos de infelicidad y te comuniques, conectando con otros desde el corazón. Vuélcate en tus *hobbies*, en tus pasiones, en las pequeñas cosas que siempre te hicieron sentir bien. Pon tu atención en todo eso, y no en el vacío que provoca el desamor. Cuanto más centrado estés en actividades placenteras —y también en proyectos laborales, por qué no—, cuanto más ocupada mantengas tu mente, antes te darás cuenta de que la Tierra sigue girando, y aunque la llama del amor continúe ardiendo, podrás llegar a la conclusión de que esa persona, aunque sea todavía importante, no es el centro de todo y que la vida tiene mucho más que ofrecerte. Mereces ser feliz, y en algún lugar te espera la persona que sí va a amarte.

Me viene a la mente una parábola que en una ocasión leí y que puede ayudarte a reflexionar sobre lo que acabo de comentar:

Cierto día un sabio maestro recibió la visita de un joven que solicitaba su consejo:

—Maestro, me siento tan poca cosa que no tengo fuerzas para hacer nada. Necesito su ayuda. Me dicen que no hago nada bien, que no sirvo, que soy un torpe inútil y bastante tonto. ¿Cómo podría mejorar, maestro? ¿Qué podría hacer para ser más valorado?

El maestro dijo, sin mirarlo:

—Cuánto lo siento, muchacho, pero no puedo ayudarte. Debo resolver primero un asunto propio. Quizá después... —Y, tras hacer una pausa, añadió—: Si quisieras ayudarme tú a mí, yo podría resolver este problema con mayor rapidez y entonces, tal vez te pueda ayudar.

—E... encantado de hacer algo por usted, maestro –titubeó el joven, aunque sintió que, nuevamente, no estaba siendo valorado y postergaban sus necesidades.

—Bien –asintió el sabio. Se quitó un anillo que llevaba en el dedo pequeño y al dárselo al muchacho, agregó–: Toma el caballo que verás ahí fuera y cabalga hasta el mercado. He de vender este anillo porque tengo que pagar una deuda. Es importante que obtengas por él la mayor suma posible; no aceptes menos de una moneda de oro. Ve y regresa con esa moneda lo más rápido que puedas.

El joven tomó el anillo y partió. Apenas llegó, empezó a ofrecérselo a los mercaderes, quienes lo miraban con cierto interés. Pero en cuanto escuchaban el precio, cuando el joven mencionaba que no lo vendería por menos de una moneda de oro, algunos rieron, otros lo ignoraron y siguieron con lo suyo y solo un anciano fue tan amable como para tomarse la molestia de explicarle que una moneda de oro era demasiado valiosa para entregarla a cambio de ese anillo. Un mercader le llegó a ofrecer una moneda de plata y una vasija de cobre, pero el joven tenía instrucciones de no aceptar menos de una moneda de oro y rechazó la oferta.

¡Cuánto hubiera deseado el joven tener esa moneda de oro! Podría entonces habérsela entregado él mismo al maestro para liberarlo de su preocupación y recibir por fin su consejo y ayuda. Con decepción y tristeza, subió a su caballo y volvió hasta donde el maestro se encontraba:

—Maestro, lo siento, no se puede conseguir lo que me pediste. Quizá pudiera obtener dos o tres monedas de plata, pero no creo que pudiese engañar a nadie respecto del verdadero valor del anillo.

—Qué importante lo que has dicho, joven amigo —contestó sonriente el maestro—. Primero debemos conocer el verdadero valor del anillo. Vuelve a montar y vete al joyero. ¿Quién mejor que él para saber su valor? Dile que querrías vender el anillo y pregúntale cuánto te da por él. Pero no importa lo que ofrezca, tú no se lo vendas. Vuelve aquí con mi anillo.

El joven volvió a partir. Una vez se encontró con el joyero, este examinó el anillo a la luz del candil con su lupa, lo pesó y luego le dijo:

—Dile al maestro, muchacho, que si lo quiere vender ya, yo no puedo darle más que cincuenta y ocho monedas de oro.

—¡CINCUENTA Y OCHO MONEDAS! —exclamó el joven.

—Sí, yo sé que con tiempo podríamos obtener por él cerca de setenta monedas, pero no sé... si la venta es urgente...

El joven corrió emocionado a la casa del maestro a contarle lo sucedido.

—Siéntate —dijo el sabio después de escuchar las noticias—. Tú eres como este anillo: una joya, valiosa y única. Y como tal, solo puede evaluarte un experto. ¿Qué haces yendo por la vida y pretendiendo que cualquiera descubra tu verdadero valor?

¿TE QUIERO O TE NECESITO?

Le dijo que el amor era un sentimiento contra natura, que condenaba a dos desconocidos a una dependencia mezquina e insalubre, tanto más efímera cuanto más intensa.

Gabriel García Márquez,
Del amor y otros demonios

El amor nos empuja a tomar decisiones que nunca habríamos tomado de forma fría y racional. Es una potente emoción que en ocasiones puede cambiar completamente el rumbo que habíamos decidido seguir en nuestra vida.

Te quiero.
Te amo.
Te necesito.
No puedo imaginar la vida sin ti...

Son afirmaciones que oímos varias veces cada día, en la radio, en la televisión, en las redes sociales, en el cine... En los siguientes capítulos voy a tratar de desplegar ante ti la forma en que actuamos en una relación, en función de los imprevistos que puedan venir a perturbar la linealidad de la unión. Muchas de estas relaciones son tóxicas: creemos amar profundamente a la otra persona cuando en realidad lo que está ocurriendo en un segundo plano es algo muy diferente.

Si el amor es sano y genuino, y tú escoges estar junto a la otra persona, te sentirás el ser más libre y feliz del planeta. Sin realidades que se escondan tras máscaras de hipocresía, sin estar atado a las expectativas de nadie. Los artificios desaparecen y quedan las dos personas tal como son, aceptándose mutuamente, amándose desde la libertad, no desde el miedo a perder al otro. Es más bello y auténtico decir «te elijo» que «te necesito».

EL APEGO

El apego es un mecanismo básico para la vida, como ya he comentado en capítulos anteriores, que desarrollamos desde bebés para construir un vínculo emocional con nuestra madre y luego con los seres queridos que nos rodean. Un niño necesita del apoyo de los demás para alimentarse, subsistir, crecer y explorar el mundo, pero una vez adultos el apego puede dejar de ser saludable en tanto en cuanto no nace de la libertad e individualidad, sino de responsabilizar al otro de nuestra felicidad, y genera una dependencia tóxica que hace insoportable la pérdida. Sentimos que si se marcha nos va a dejar un vacío irrecuperable. Esta percepción es siempre fuente de ansiedad y dolor.

Hay quien considera que el apego es equivalente al amor, al cariño, al deseo de permanecer junto al otro. Que es ese pegamento necesario que afianza los lazos, pero no es así. El apego surge de la irracional creencia de que el objeto de nuestro amor nos llevará a alcanzar la felicidad, hará que nos sintamos realizados y nos ofrecerá una vida maravillosa, y lo que es más ilógico: que ese estado será eterno.

Aunque todos los sentimos en mayor o menor grado, cuando llega a un nivel demasiado alto puede convertirse en un problema. El 80% de los casos tratados en la consulta de un psicólogo son originados por el apego. A mis clientes siempre intento hacerles entender la inevitable impermanencia de las cosas: nada es eterno. Nada va a durar para siempre. Los objetos, los seres, las situaciones, las experiencias se acaban, cambian, se cierran, se secan, se deshacen, se funden, se evaporan o se mueren, antes o después. Al aceptar que nada es permanente, estamos dando el primer paso hacia nuestra propia liberación. En una relación amorosa esto no tiene por qué traducirse en una separación, pero ayuda a vivirla como seres libres y completos que se han elegido mutuamente. Una relación sana y equilibrada que nada tiene que ver con una unión marital que se mantiene por el miedo al qué dirán, por el pánico al cambio, por la costumbre o por las razones que sean.

El deseo exacerbado que nos lleva a querer retener a la otra persona a nuestro lado a toda costa nos hace pagar un precio muy alto, el de nuestra propia libertad, porque estamos entregándole al otro todo el poder, lo estamos convirtiendo en nuestro dueño.

Muchos autores están de acuerdo en este punto: deberían prepararnos para la pérdida, para seguir sintiéndonos bien cuando aquello que se ha convertido en el objeto de nuestro apego cambia o desaparece de nuestras vidas. En los colegios nos empujan a ganar, se premia al vencedor, se evalúa, se puntúa, se compara..., cuando sería mucho más productivo relativizar la importancia de los resultados: «Si ganamos, perfecto; y si perdemos, también». Piensa en una maratón. Hay quienes se presentan solo para ganar. Corren con desesperación y si alguien amenaza con adelantarlos, la expresión de su rostro cambia, no pueden tolerar que los superen, porque se aferran al resultado: para ellos solo es aceptable el triunfo, y no lograrlo es fracasar. Por el contrario, siempre hay un grupo de personas que va corriendo a su aire, mientras ríen y hablan. Puede que los demás hayan acabado hace una hora, pero ellos no compiten para vencer a otros, están disfrutando de la experiencia, compitiendo consigo mismos, felices porque pueden completar el circuito, aunque sea a su ritmo, y procuran pasarlo bien. Acabar la maratón ya es un premio, pero si surgiera un problema y alguno no fuera capaz de llegar a la meta, se dirían: «No pasa nada. La experiencia ha sido divertida igualmente. ¡Ya lo repetiremos el año que viene!».

Eso es el desapego. Disfrutar del camino recorrido. Desvincularse emocionalmente del objetivo. Si lo alcanzamos, bienvenido sea, pero si no, la vida sigue y no vamos a perder el sueño por ello.

Baila como si nadie te estuviera viendo.
Ama como si nunca te hubieran herido.
Canta como si nadie te oyera.
Trabaja como si no necesitaras el dinero.
Vive como si fuera tu último día.

Alfred D. Souza

Nuestra naturaleza nos lleva a necesitar cada vez más y más aquello que hemos convertido en el objeto de nuestro deseo. Como ocurre con las drogas, desarrollamos una tolerancia, que nos obliga a consumir más para obtener la misma satisfacción que sentíamos al principio. Por esta razón el amante obsesivo necesita ver a su pareja cada vez más y, si logra su sumisión, va cortándole poco a poco sus libertades, hasta que la persona sometida pierde toda confianza en sí misma y ya no es capaz ni de salir con sus propios amigos. Cuando el apego obsesivo se hace bidireccional, se convierte en algo más dañino todavía y la toxicidad se exacerba; es entonces cuando la posesividad, la celopatía y la dependencia traspasan todos los límites y aparece el maltrato.

Amores tormentosos

El apego es fuente de muchas insatisfacciones en la pareja. No comporta más que un desequilibrio de poderes, que desestabiliza, traumatiza e incluso puede empujar a actos que uno no habría acometido en otras circunstancias.

Hay personas absorbentes. Sienten tanto miedo a perder a su pareja que la asfixian, creando un clima de sometimiento y manipulándola de diferentes formas. Hay quien lo hace mediante el victimismo, haciendo que el otro se sienta culpable. Otros perfiles psicológicos menoscaban la autoestima del cónyuge, para que se sienta inferior y no llegue a reunir la seguridad suficiente para darse cuenta de que la suya es una relación dañina.

Hay relaciones que no se mantendrían sin un equilibrio peligroso, que cualquier psicólogo consideraría enfermizo. Es el caso de una de las parejas de artistas más célebres del siglo xx: la pintora surrealista Frida Kahlo y el muralista Diego Rivera. Su relación estaba basada en una extraña dependencia emocional, y las infidelidades de Diego fueron una constante desde el primer momento. De hecho, él le dice a Frida antes de la boda una frase que resulta muy reveladora: «No te prometo fidelidad, te prometo lealtad». Ella sufrió mucho durante su matrimonio (sin contar el indescriptible dolor físico causado por el accidente de autobús en el que fue atravesada por una barra de hierro al poco de cumplir los diecinueve años) porque amaba a Diego con una fuerza arrolladora y no era capaz de abandonarlo. Cuando descubrió que la había traicionado con su propia hermana, Cristina Kahlo, cayó en una depresión. Era más de lo que podía soportar; sin embargo, en lugar de marcharse decidió seguir junto a él, pero con una nueva forma de considerar su relación: proclamándola abierta por ambas partes. Ella empezó a mantener otras relaciones tanto con hombres como con mujeres, y aquello volvía loco de celos a Diego, quien, siguiendo el clásico perfil psicológico del infiel, justifica la infidelidad propia de mil maneras, pero no tolera la de los demás.

En 1937 Frida inició una relación amorosa con León Trotski, que vivía como exiliado en México. Quizá dejarse seducir por él fuera, en cierto modo, una venganza personal, ya que Diego sentía profunda admiración por este protagonista de la Revolución rusa. Esta infidelidad provocó en 1939 el fin del matrimonio y Diego se marchó a vivir a San Francisco. Un año más tarde Trotski fue asesinado y después de que la policía interrogara a Frida con dureza, al considerarla sospechosa, Diego la llamó para que se fuera a vivir con él, a pesar de que en ese momento mantenía relaciones con otras dos mujeres. Ella no lo dudó y fue junto al hombre al que amaba. Ese mismo año se casaron por segunda vez. Estuvieron muy unidos, dentro de su caótica relación desbordada de pasión, y permanecieron juntos hasta la muerte de Frida en 1954.

Hay amores obsesivos. Irracionales. Que despiertan en nosotros un apego tan poderoso que nos hace perder la perspectiva. Nos absorbe, y estamos imbuidos de una intensa necesidad de poseer al ser amado.

Esto es lo que vivieron Frank Sinatra y Ava Gardner en su tormentosa relación. Se conocieron en una de esas maravillosas fiestas de Palm Springs, y se sintieron atraídos de inmediato. Ambos estaban en primera línea. Frank triunfaba como cantante —ya se le conocía como «La Voz» y era adorado por las féminas—, mientras que Ava, considerada una de las mujeres más bellas del mundo, se había convertido en una de las apuestas más importantes de la Metro Goldwyn Mayer y ya había trabajado con estrellas de la talla de Gregory Peck, James Mason y Lionel Barrymore.

Su relación comenzó en 1949, estando Frank casado con su primera esposa. Intentaron llevarlo en secreto, pero pronto la prensa hollywoodiense aireó la relación. El escándalo no logró acabar con una unión que era mucho más que una aventura: estaban profundamente enamorados y decididos a casarse. Por fin lo hicieron el 7 de noviembre de 1951, apenas una semana después de que Frank lograra la nulidad. Él tenía treinta y siete años y ella, veintinueve. Estaban en lo más alto de sus carreras y ambos eran atractivos, carismáticos y tremendamente sexuales.

Dicen que Ava era fría, calculadora. Que se había casado con su anterior marido, el mítico Mickey Rooney, por la fama, aunque eso contradecía a otras voces que afirmaban que era una mujer impulsiva, cálida y fogosa, que no dudaba en acostarse con los hombres que le apetecían siempre que tenía oportunidad. Eso a Frank, a pesar de que también era un infiel incurable, le volvía loco, y de hecho en España tuvo lugar uno de los numerosos episodios que hicieron historia.

En 1950 Ava viajó a nuestro país para rodar la película *Pandora y el holandés errante*, en la que compartiría la pantalla con el torero Mario Cabré. Ella sentía debilidad por España, por su cultura, por su folklore, por su fuerza, por su pasión, y no le costó rendirse a los encantos del torero. Cuando esto llegó a sus oídos, Frank tomó un vuelo y se plantó en Barcelona. Allí les dijo a los periodistas que lo esperaban en el aeropuerto que su visita no tenía nada que ver con la diva estadounidense. Sin embargo, se dirigió hasta el rodaje sin perder un instante. En cuanto la tuvo delante, le propinó un fuerte bofetón y ella lo besó llorando.

Las infidelidades eran continuas por ambas partes: a él se le relacionó con Kim Novak, Judy Garland, Lauren Bacall y Jackie Kennedy, mientras que ella tuvo una serie de *affairs* anónimos, además de con Robert Mitchum, Mario Cabré y Luis Miguel Dominguín.

Ava amaba a Frank, pero a su manera. Necesitaba ser libre por encima de todo y, para ella, acostarse con un hombre era algo tan inocente como tomar un té. Sin embargo, él sufrió porque la amaba más que a nada y no podía soportar su ausencia, ni pensar que pudiera estar rodeada de otros hombres que pudieran alejarla de él para siempre. Era un amor dañino, que los consumía y en el que habían acabado empleando los celos como arma arrojadiza.

Se dice incluso que trató de suicidarse por la presión de la relación. Por fortuna no lo hizo, y aunque se amaban, al final decidieron separarse. Sin embargo, no se libró de una depresión que lo llevó a tocar fondo, haciendo que su carrera musical se resintiera, aunque luego consiguió un importante papel en *De aquí a la eternidad*, lo que le lanzó al estrellato cinematográfico e incluso ganó el Óscar al mejor actor de reparto.

Mantuvieron el contacto hasta la muerte de Ava, en 1990. Él tuvo dos matrimonios posteriores, pero ella no se volvió a casar y siempre consideró a Frank su gran amor. Hay quien afirma que cuando algún otro hombre le rompía el corazón, lo llamaba por teléfono, mientras una canción suya sonaba de fondo en el tocadiscos, con lágrimas en los ojos y una copa en la mano. «¿A quién hay que romperle las piernas, cariño?», le preguntaba él, consolándola.

Se piensa que el amor loco puede curarlo todo. Pues no. Si quieres que el matrimonio funcione, necesitas tener algo más en común. Me casé con tres hombres atractivos, de mucho talento, que sabían fascinar a las damas. Supongo que ellos podrían decir lo mismo de mí. Pero teniendo en cuenta que entre mis tres maridos han reunido una colección de veinte esposas, no creo que todo fuera culpa mía.

Ava Gardner

Los celos

Los celos son un fenómeno tanto biológico como cultural. Sin este mecanismo de defensa ante la infidelidad y el abandono, nuestros ancestros se habrían movido en un escenario mucho más complicado. El homínido macho debía asegurarse de que las crías que su pareja (o parejas) gestaba (o gestaban) eran realmente suyas, para que portaran su legado y perpetuaran sus genes. La hembra, por su parte, debía asegurarse de que los recursos que su pareja aportaba fuesen destinados exclusivamente a su prole, y no compartidos con otra mujer, lo que supondría menores posibilidades de supervivencia para sus propios descendientes. Dicho esto, podemos pensar que en las relaciones entre gais y lesbianas estos principios no son aplicables, pero lo cierto es que el instinto ancestral de asegurarse la transmisión genética así como el de afianzar los recursos son tan potentes que no entiende de opciones sexuales.

En el pasado los celos han funcionado para ambos miembros de la pareja como un sistema para controlar su inversión. Hoy en día la corteza cerebral ha evolucionado sobre las zonas más primarias, por lo que la razón y la educación atenúan la llamada de la naturaleza, pero sigue siendo un instinto activo.

En la actualidad hay estadísticas desalentadoras precisamente en lo que se refiere a avances culturales y educacionales a este respecto. Según un estudio presentado por el CIS (Centro de Investigaciones Sociológicas) en enero de 2015, el 33% de los jóvenes españoles de entre quince y veintinueve años considera inevitable, o aceptable en algunas circunstancias, controlar los horarios de sus parejas, impedir que vean a sus familias y amistades, no permitirles trabajar o estudiar e incluso definir lo que pueden, o no pueden, hacer. Y es que, según otro estudio, elaborado en 2013 por la Facultad de Psicología de la Universidad Complutense de Madrid, el 73,3% de los adolescentes considera que «los celos son expresiones de amor». Y si así lo consideran es porque así lo han aprendido.

Pasarse de la raya

Cuando nos encontramos con un exceso de esta emoción (existe un nivel mínimo, «tolerable»), el cuadro se convierte en patológico y las consecuencias pueden ser trágicas. En las historias de celos suele haber tres actores: el sujeto celoso, el objeto de sus celos y el rival. Esos son los vértices del triángulo, aunque existen múltiples variables y matices que cambian según el contexto cultural, la religión, la personalidad, la época, el tipo de relación de pareja y muchos otros elementos.

De igual forma, la situación es distinta en función del sexo de la persona que los está viviendo. Las mujeres conciben los celos sexuales en un 20% y los sentimentales en un 80%, mientras que en el caso de los hombres ocurre a la inversa: sienten los celos sentimentales al 20% y los sexuales al 80%. Por supuesto, se trata de una generalización y por tanto estos valores son solo orientativos. Aunque no por ello dejan de ser ciertos. Varios estudios de distintas universidades han demostrado que una mujer es capaz de tolerar una infidelidad si solo ha sido carnal, si durante el *affaire* los amantes no se han involucrado sentimentalmente. Sin embargo, los hombres verían con gravedad ese mismo desliz, aunque no se haya pasado de la mera relación física.

El apego está invariablemente vinculado a los celos. Si yo siento esa atracción irracional por la otra persona, creyendo que «es mía», en parte es porque mi cerebro sufre un déficit importante de serotonina, y cualquier sorpresa dispara la adrenalina y libera el cortisol, la hormona del estrés. De esa forma, no me será posible ver la situación con claridad, ya que la parte más elemental del cerebro, la que se mueve por instintos irracionales y no se basa en la lógica y en la razón, ha tomado el mando. Como un hombre de la Edad de Piedra, que ve amenazada la perpetuación de sus genes y se ve obligado a luchar contra otro macho alfa para disputarse a la hembra. Sería de esperar que en el mundo moderno que vivimos, más libre y tolerante, los celos ya no existiesen, pero a nivel subconsciente nada ha cambiado.

Desde el punto de vista de la psicología, los celos nacen de la baja autoestima del sujeto, y el exceso, además de conllevar un terrible sufrimiento, puede llevar al delirio. El celoso patológico se convierte en un obseso de las conspiraciones, observando cada detalle de todo lo que su pareja dice o hace, la forma en que las otras personas le hablan o miran, lo que se dice o se deja de decir. El cónyuge obsesivo rellenará los vacíos con suposiciones y acabará encontrando las piezas adecuadas que encajen en el puzle de locura que lo está corroyendo. Así, se convencerá de que su teoría es real, aunque todos los indicios sean una creación de su imaginación. Se siente tan inseguro que está convencido de que su pareja encontrará a otro mejor que él y lo abandonará. Y eso no lo puede permitir. El pánico al abandono (traduce el abandono como falta de valía, con lo que su baja autoestima se derrumba aún más) lo ciega y le impide pensar con claridad.

Al mismo tiempo, la persona sobre la que recaen esos celos verá cómo va disminuyendo su autoestima. Cualquier cosa que diga o haga podrá ser motivo de discusión, y el desconcierto y la impotencia por tranquilizar a su pareja podrán ir transformándose en desilusión y apatía, hasta que —en el mejor de los casos— la relación se destruya completamente.

De los celos a la adicción

Liberarse de los celos no es algo sencillo para la persona que los vive, y no se desvanecen en el momento de separarse de su pareja. La distancia y el paso del tiempo no son remedios suficientes para curar a un celoso. Ha de hacerse un importante y continuado trabajo personal, sobre todo porque los mecanismos que una vez le llevaron a «perder el norte» quedan latentes, bajo la superficie, listos para activarse otra vez con la siguiente relación, a pesar de que su nuevo cónyuge no haya dado ni un solo motivo para desconfiar.

Una vez arraigados estos celos patológicos, solo lograremos vencerlos si tratamos este cuadro obsesivo como una auténtica adicción, por lo que será necesario pasar por las mismas fases por las que pasa un adicto para lograr el «desenganche». Una persona puede ser adicta a casi cualquier cosa. Y todas las adicciones están asentadas sobre la misma base. Hablaré de ello en profundidad en el siguiente capítulo y, más allá del problema de los celos, te daré una serie de claves para afrontar la separación sentimental, con su correspondiente tratamiento para superar la adicción y el posterior duelo.

LOCURA DE AMOR

A lo largo de los tiempos y en diferentes culturas, el amor se ha considerado un embrujo, un hechizo, una locura provocada por los dioses e incluso una enfermedad. Cuando estamos borrachos de amor, podemos llegar a hacer cosas que la mente consciente nunca permitiría. En parte, esta ceguera se debe a la segregación de neurotransmisores como la dopamina y la serotonina y a la anulación de la actividad de un área del cerebro relacionada con el peligro, que está situada en la amígdala, al tiempo que disminuye la intensidad de otras áreas, localizadas en la corteza prefrontal derecha y en la corteza temporal de ambos hemisferios, donde se ubican los circuitos responsables de la evaluación social.

La crónica de la humanidad está plagada de locuras que se llevaron a cabo en nombre del amor; algunas de ellas, incluso, cambiaron el curso de la historia. Las hormonas que nos dejan medio idiotas en la primera fase de un enamoramiento intenso son aún más peligrosas en la era de la comunicación. Hoy todos nos movemos con cámara e Internet incorporados. Basta acariciar una pantalla táctil para desencadenar todo un terremoto. El tiempo de reflexión previa queda reducido a milésimas de segundo y es frecuente que las locuras de amor dejen constancia visual o como mínimo escrita. Ese es precisamente el origen del *sexting*, término que nace como contracción entre *sex* y *texting* y que define un fenómeno cada vez más extendido. Consiste en el envío de mensajes personales de contenido sexual —principalmente imágenes y vídeos— a través del móvil, mediante un SMS o cualquier aplicación que lo permita. Un juego que puede salir muy caro.

Dependencia emocional

La locura de amor, más allá del cine y la literatura, es fuente de dolor y caldo de cultivo para trastornos reales. En el ámbito de los desórdenes psicológicos asociados a las relaciones sentimentales, la *dependencia* y la *codependencia* son temas muy serios y todos deberíamos ser lo suficientemente francos como para reconocer y afrontar el hecho de que algo (probablemente enraizado en la infancia o adolescencia) nos empuja a trazar un tipo de relación emocionalmente insana. Sin embargo, los patrones desequilibrados no siempre provienen de nuestros primeros años. Las vicisitudes de la vida adulta también pueden torcer el guion que creíamos bien diseñado, para acabar involucrándonos en una relación tóxica por la que sentimos una adicción irracional y de la que no parece ser fácil salir.

Balanza desequilibrada

La autoestima del *dependiente emocional* es especialmente baja y este en muchas ocasiones es introvertido, aunque esta introversión no tiene por qué presentarse desde la infancia, sino que, de alguna manera, puede ser propiciada por una relación asimétrica o varias consecutivas. Para que se den este tipo de relaciones es necesario que el dependiente potencial se tope con otro perfil muy definido: un individuo muy seguro de sí mismo, incluso narcisista, manipulador y dotado de ciertos matices de egoísmo y de una peculiar ansia por controlar al otro.

Las personas con ese perfil controlador y agresivo detectan a su víctima al instante. Encuentran en el sumiso a su perfecto *partenaire*. De forma inconsciente los dependientes emocionales (incluso siéndolo solo potencialmente porque nunca hayan experimentado este tipo de relaciones) son para ellos algo parecido a un faro iluminado en medio de la noche. Y cuando ambas energías entran en contacto, las características de uno y otro se exacerban; el dependiente puede llegar a grados de sumisión inimaginables y el controlador convertirse en un tirano implacable que ni él mismo reconoce.

Los dependientes emocionales se creen incompletos y se consideran a sí mismos la mitad de una naranja que necesita encontrar su otra parte para darle sentido a su existencia, aunque la unión con esa otra mitad no esté proporcionando más que dolor y ahogo. Habitualmente han crecido sintiendo que faltaba algo en sus vidas y esperan, desde su forma de entender las cosas, que sea la relación de pareja la que venga a rellenar ese hueco.

Y de ahí parte todo el error.

La felicidad debemos buscarla en nuestro interior, aquello que considerábamos ajeno y lejano, porque, aunque nos cueste verlo, nuestro YO más completo está ahí dentro, sepultado quizá bajo numerosas capas que no lo dejan florecer. Y las relaciones de pareja son precisamente para sumar, para crecer como personas y aprender de lo que vivimos junto al otro mientras él crece y aprende paralelamente.

Sin embargo, a veces esta máxima no es fácil de seguir; puede darse la situación de que un dependiente emocional acabe siempre emparejado con personas con el mismo perfil narcisista que no harán sino aumentar sus inseguridades y llevarlo, una y otra vez, por esa espiral de agonía que a nadie beneficia.

Si crees que lo que acabo de decir se asemeja a lo que estás viviendo, porque empiezas a ser consciente (algo nada sencillo) de que la relación en la que te encuentras ahora no es realmente sana, me gustaría pedirte que hagas un ejercicio de profunda introspección, seas muy sincero contigo mismo y no dudes en pedir ayuda a un profesional, a un amigo o a un familiar cercano.

La historia de Raquel

Hay temas delicados que es difícil explicar sin ejemplos, así que vamos a adentrarnos en un caso real, el de una de mis clientes, a la que vamos a llamar Raquel. Es una mujer muy bella e inteligente. Tiene veintiocho años, la carrera de económicas y un próspero trabajo en una multinacional. Raquel conoció a Rubén durante su primer año de universidad, un chico alto, guapo, de ojos claros y simpáticos hoyuelos en las mejillas que trabajaba como técnico de emergencias sanitarias. Le fascinó desde el primer instante, con su personalidad arrolladora, su carisma y su fortaleza.

Raquel nunca había tenido un concepto elevado de sí misma. En la escuela dio el estirón antes que las demás chicas y aunque al cumplir los dieciocho era una preciosidad, seguía anclada en la imagen de patito feo que había asumido tiempo atrás. De hecho, cuando conoció a Rubén en la fiesta de carnaval de unos amigos, ni siquiera se planteó acercarse: fue él quien la detectó en la distancia, vestida de pirata, y supo intuir la ternura y fragilidad que se ocultaban en su interior. Raquel no escogió, sino que fue escogida y se dejó deslumbrar por quien, a priori, parecía el perfecto príncipe azul. Le pareció fantástico conocer a un hombre que se interesaba por las mismas cosas que ella y que se mostraba tan atraído por ese aspecto y esa personalidad que ella llevaba tanto tiempo infravalorando. Seguramente, si Raquel hubiera partido desde una posición más sana y equilibrada, todo se hubiese desarrollado de otro modo, pero dadas sus circunstancias se sentía abrumada de que un chico tan atractivo, simpático y sociable, que parecía llevarse bien con todo el mundo, se hubiese fijado en ella y solo en ella.

Tras unas cuantas citas, la relación ya es un hecho. Raquel y Rubén son pareja, mientras él sigue con su trabajo y ella está acabando su primer año de carrera. El amor que sienten es muy intenso y aunque ella empieza a ver cosas en él que no le cuadran —como la rudeza con la que trata a sus padres—, las pasa por alto y se centra en lo bueno, tratando de divertirse y de vivir su relación lo mejor posible.

Sin embargo, al cabo de un tiempo, algo ocurre. Raquel descubre que Rubén le ha sido infiel, y no de forma puntual, cosa que ella podría entender más fácilmente, sino que ha mantenido una relación paralela en los últimos dos años, es decir, al poco de haber empezado con ella. Cuando lo descubre, no acaba de creérselo. Él al principio lo niega vehementemente, pero al final se rinde a la evidencia. Ha sido una amiga de Raquel quien lo ha descubierto y hay pruebas. Raquel no puede hacer oídos sordos a lo ocurrido. Es más de lo que puede soportar, así que, con el corazón hecho pedazos, rompe la relación y se aleja de Rubén. Esa era la decisión correcta y ella fue valiente al tomarla.

En este tipo de situaciones lo más adecuado es no tener ningún contacto con la persona de la que nos separamos, ni siquiera informarnos de cómo le van las cosas a través de terceros. Se trata de la fase *contacto cero*, una fase crucial en una ruptura. Pero como nadie le había explicado esto, Raquel estuvo expuesta durante varios meses a los mensajes y llamadas de Rubén. Cada día le repetía cuánto la echaba de menos, lo arrepentido que estaba, su firme decisión de cambiar y, por supuesto, le suplicaba su perdón, diciéndole una y otra vez cuánto la amaba.

Aunque hoy día es consciente de que aquella decisión marcó su destino y la convirtió en una dependiente emocional de libro, Raquel termina cediendo y decide darle una oportunidad. Reanudan la relación, pero ella se siente infeliz. En su corazón hay un vacío que no sabe cómo mitigar. Debido a aquella infidelidad la desconfianza se ha asentado en sus vidas, aunque, sorprendentemente, es Rubén el más desconfiado. Al principio mira el móvil de su novia con discreción, pero poco a poco lo convierte en costumbre, otorgándose el derecho de controlar con quién se relaciona cada día. Raquel sabe en el fondo que aquello no está bien, pero teme sus reacciones, así que se deja controlar. Sin embargo, él quiere cada vez más, y sus ansias de control no son satisfechas, por lo que empieza a hablarle mal a Raquel, al principio con contestaciones antipáticas que parecen provocadas por la tensión de una discusión puntual, pero pronto comienza a insultarla. Ella se sorprende, sin embargo lo acaba asumiendo. Se acostumbra a oír lo fea, tonta y vulgar que es, de boca de la persona que supuestamente más la quiere en el mundo.

Rubén también se acostumbra a los insultos y comienza a proferirlos en público, sin importarle lo que piensen de él ni las consecuencias. Raquel no le pone freno, y se limita a aprender a calmarlo, a mantenerlo contento para que no se enfade, así que deja de quedar con sus amigas, de ir al gimnasio y de hacer las actividades normales que haría una chica de su edad. Su existencia se limita a comer, dormir, estar junto a su novio y estudiar en la universidad. Sus padres empiezan a sospechar que su hija no es feliz en la relación, pero ella hace tiempo que maquilla el infierno en el que está sumergida, y del que ni siquiera tiene claro si realmente quiere salir.

En esos momentos, las emociones que predominan en su vida son la culpa, la pena y el miedo. Se siente paralizada e incapaz de dar ni un solo paso para salir de la situación. Tiene miedo de quedarse sola, de no encontrar a nadie que la quiera, de no conocer a nadie como Rubén, puesto que, a pesar de que una parte de ella es consciente de la toxicidad de su relación, el fuerte apego la ata y hace que la justifique y la distorsione. Realmente cree que lo ama profundamente y que si las cosas están saliendo mal será por culpa de ella, que es torpe e inútil.

Raquel no deja de trabajar en la relación, porque considera que es su responsabilidad, pero cuanto más tiempo invierte en ello, más decepcionada se siente por no conseguir una pareja feliz y perfecta, y aunque llega a valorar la opción de la ruptura, de alejarse de él definitivamente, le aterra la posible reacción de Rubén.

Además, cree que lo necesita y no imagina la vida sin él. Siente un nudo en el corazón al imaginar un futuro en el que Rubén no esté a su lado y trata de contentarse con los pocos momentos buenos y alegres que logra pasar en su compañía. Es muy simpático y divertido cuando está de buen humor, por lo que Raquel se esfuerza para hacer que esos momentos sean los que predominen en sus vidas. Pero sus ataques de ira son impredecibles y a veces estalla violentamente sin razón aparente. A pesar de eso, ella cree observar ciertas mejorías en su comportamiento, lo nota un poco más considerado en algunas circunstancias, más empático. Por esa razón piensa, en secreto, que sería una injusticia separarse de él ahora que está intentando ser mejor persona. Porque Rubén, a pesar de su comportamiento irascible, le dice a menudo que es la mujer de su vida, que la ama y que quiere llevar a cabo su proyecto de futuro junto a ella, formando una familia. En esas ocasiones Raquel se siente culpable por haber pensado siquiera en abandonarlo. Está convencida de que lo ama, de que en realidad si se quieren todo saldrá bien. Siente que lo está «curando» y que ninguna otra mujer merece disfrutar de esos momentos de felicidad que tanto le está costando lograr.

Dos años después, en medio de esta tortuosa y asimétrica relación, Rubén le propone que vivan juntos. Ella está en el último curso de sus estudios universitarios y parece un buen momento para alquilar un piso entre los dos e iniciar una nueva etapa. Sin embargo, cuando le confiesa no estar segura del todo y le dice que prefiere esperar unos meses más, él no duda en insultarla a gritos delante de sus amigos. Ese episodio es suficiente para que decida por fin dejarlo. Sus amigos se alegran por ella, su familia también, pero ella sigue sintiendo un vacío y una ansiedad desmesurados. Por supuesto, Rubén no la deja tranquila ni un solo día; continuamente le escribe mensajes y la llama por teléfono. Empieza a darse cuenta de que ella ha tomado una determinación, y aunque depende de él emocionalmente, esta vez está decidida a librarse de la pesadilla en que se ha convertido su relación. No obstante, finalmente, una vez más, Raquel sucumbe a su insistencia. Es débil e insegura, así que, al cabo de un par de meses, vuelven a estar juntos, aunque después de tantas idas y venidas la reconciliación es cada vez más amarga. Ella empieza a ser consciente de que se está hundiendo en un pozo del que va a ser muy difícil salir y unas semanas después, tras una nueva ruptura, está sentada frente a mí, en mi consulta. Me ha explicado su historia *grosso modo*, pero el retrato de Rubén es lo suficientemente nítido como para clasificarlo como maltratador psicológico. Le explico que tenemos un largo trabajo por delante pero que pondré a su alcance las herramientas necesarias para alejarse definitivamente de él, para desengancharse como habría que hacerlo de una droga.

El complejo proceso comienza cuando Raquel toma conciencia de su situación y observa su vida con una nueva luz. Ya está preparada para iniciar la fase más dura, el *contacto cero*, así que, por fin, bloquea a Rubén en todas sus redes sociales y elimina las fotos que todavía conservaba. Sabe que va a ser un proceso complicado, pero es necesario. De igual manera que un exalcohólico no puede beber «de vez en cuando», porque recaería en la adicción, un dependiente emocional debe alejarse completamente de la persona de la que ha de desapegarse. Tiene que ser fuerte para no ceder, ignorar llamadas y mensajes y evitar caer en la tentación de mirar su perfil de Facebook. Es difícil dar el primer paso, pero en cuanto dejamos realmente de tener contacto con esa persona, nuestro cuerpo y nuestra mente vuelven relativamente rápido al punto de equilibrio que necesitamos.

Como es de esperar, Rubén intenta contactar con ella por todos los medios, llamando con otros números, escribiéndole mensajes de WhatsApp desde teléfonos ajenos, aporreando la puerta de su casa... Afortunadamente, a estas alturas, el entorno de Raquel es perfectamente consciente de la situación y los suyos la ayudan a pasar ese trance, reteniendo al iracundo Rubén cuando hace falta e incluso llamando a la policía.

Tomar conciencia

La persona que tiende a desarrollar una relación de dependencia emocional a menudo proviene de familias represoras o disfuncionales, pero no siempre es esa la explicación. Es crucial localizar el origen de la herida y tomar conciencia de por qué se ha llegado hasta ese punto de sometimiento. No se trata tanto de enfocarse en el daño causado por el maltratador sino de mirar hacia el interior y resolver nuestro propio rompecabezas.

Mediante esta historia he tratado de reflejar de forma práctica algunos puntos clave que mis años como profesional de la salud mental me han enseñado. A veces los factores más relevantes no están en la superficie y es necesario comenzar a retirar velos. El objetivo de este libro es ayudarte a hacerlo y espero que pueda convertirse en un verdadero trampolín que te lance al éxito en tus relaciones —pero también espero que, si la situación se te va de las manos, consultes cuanto antes con un profesional—. Lee los ejemplos y busca paralelismos con tu propia historia. Si has llegado hasta aquí es porque algo te interesa; algo resuena en tu interior al haber leído algún párrafo en concreto. La parte positiva es que sabes lo que quieres, estás ahí, analizando —y decidiendo— los límites que le pones a una relación y valorando lo que esta te ha aportado hasta la fecha.

Grados de dependencia

Existen diferentes grados de dependencia. Con una de tipo leve, sabemos que no estamos ante graves carencias afectivas tempranas tan fuertes y no será necesario romper la relación de pareja, puesto que su asimetría será manejable y fácil de tratar, a pesar de que hay traumas relacionales que se graban a fuego en el área más primitiva del cerebro, aquella que controla la supervivencia. Además, no todas las recuperaciones pasan por la consulta de un psicólogo; podemos acabar emparejándonos con una persona equilibrada, consciente de sus carencias y que ha sabido trabajar consigo misma, que nos ayude en nuestro camino de autoconocimiento y autorrealización, brindándonos la sanación.

Hay veces en que es posible salvar el árbol, tras una buena poda y un buen abonado, pero a menudo la única forma de sanar es cortarlo de raíz y trabajar duro para que crezca uno nuevo: un dependiente emocional grave deberá someterse a un tratamiento más complejo y largo, que en la mayoría de las ocasiones conllevará la ruptura de la relación. Será necesario afrontar el trastorno desde diferentes frentes y abarcar todas las áreas implicadas:

Área biológica: a Raquel le recomendé visitar a un psiquiatra para que le recetase antidepresivos, que era lo que encajaba en su caso, aunque también existen los ansiolíticos y otro tipo de fármacos. Si la relación desequilibrada ha sido muy tortuosa y se ha alargado en el tiempo, es posible que nuestros niveles de serotonina estén por los suelos. Es básico restablecerlos para poder actuar mejor, sin dejarse llevar por miedos y ansiedades.

Área psicodinámica: la psicodinámica es un área del campo de la salud mental que, desde el psicoanálisis freudiano hasta las corrientes más recientes, explora las experiencias tempranas que, de manera inconsciente, marcan nuestros sentimientos, nuestras decisiones, nuestra conducta, nuestras relaciones, nuestros estados anímicos y nuestra manera de ver el mundo.

En primer lugar, tuve que valorar el nivel de autoestima desde el que partía Raquel cuando llegó a mi consulta, para determinar dónde se originó esa profunda inseguridad. Por eso, le tocó hacer memoria, rescatando el discurso y los valores que sus padres le habían llegado a transmitir en su infancia para empezar a conocer las creencias cristalizadas en su subconsciente.

A continuación, analizando la forma en que había actuado con su expareja, pudimos detectar las pautas de interacción disfuncionales, como la idealización del maltratador y el sometimiento.

Revisamos también los mecanismos de defensa naturales que se pusieron en marcha en aquella situación y pudimos comprender cómo fue el proceso de adquisición y el posterior mantenimiento de dichas pautas de interacción disfuncionales.

Este es el primer paso, encontrar las causas del malestar. Una vez resuelto el enigma, llegó el momento de trabajar en serio, para lograr su completa curación emocional.

Área interpersonal: tuvimos que definir el grado de dependencia, para actuar en consecuencia. Siendo en este caso grave, supe que le esperaba padecer un largo síndrome de abstinencia tras la ruptura. En el estudio de esta área, el propio dependiente emocional se da cuenta él mismo de que los cimientos que una vez sostuvieron su relación se han venido abajo hace tiempo.

Será de esperar que la persona presente un miedo intenso a la soledad, como le sucedió a Raquel, por eso se ha de trabajar con ella para que entienda y acepte la necesidad de soledad y la acoja como parte fundamental de su proceso de sanación. Toca aprender a convivir con uno mismo mientras se desaprenden conductas nocivas y se aprenden otras, que proporcionarán nuevos modos de relacionarse.

Área afectiva: analizamos la imagen que el dependiente tiene de sí mismo. El autoconcepto es un elemento racional, y consiste en una serie de aspectos positivos y negativos que uno mismo se arroga. Raquel tuvo que dedicar mucho tiempo a analizar este aspecto. Su personalidad estaba tan anulada que había llegado a olvidar quién era ella de verdad y qué elementos la caracterizaban antes de haberse embarcado en aquella tormentosa relación. Por otro lado, ahondamos en su nivel de autoestima, un concepto más emocional, que viene a ser el conjunto de sentimientos y valoraciones que nos dirigimos continuamente a nosotros mismos. En psicología se habla de «la opinión emocional que los individuos tienen de sí mismos y que supera en sus causas la racionalización y la lógica».

El dependiente emocional se desprecia a sí mismo, y por esa razón dirige sus necesidades afectivas a un objetivo externo al que sitúa sobre un pedestal y a quien convierte en su «dios salvador», puesto que es quien (según cree el afectado) resolverá todas sus carencias emocionales y le hará feliz con un amor incondicional.

Área cognitiva y conductual: se detectan pensamientos irracionales, aquellos que se alimentan del miedo y que tienden a idealizar a la pareja al mismo tiempo que fomentan el menosprecio de uno mismo. En el caso de Raquel observamos su rutina diaria para detectar posibles comportamientos repetitivos o disfuncionales

—como, por ejemplo, entrar en el perfil de Facebook constantemente, para ver qué hace su expareja, o contactar con amigos comunes para saber de él— y así poder proponer otros más saludables y constructivos.

Tras trabajar estas áreas durante unos seis meses, incluso la propia Raquel fue consciente de los resultados. Fue duro para ella, ya que en su corazón seguía flaqueando a veces. Se le hacía un mundo pensar en pasar página, por eso es tan importante suspender todo contacto con la persona de la que uno desea desapegarse. No volver ver al otro —ni siquiera a través de una pantalla— es esencial.

Raquel se había convertido en una adicta al amor, al menos en una adicta a la imagen que se había hecho del amor, y al concepto de estar emparejada, a pesar de su infelicidad y del daño psicológico que le estaba infligiendo Rubén.

ADICCIÓN AMOROSA

El amor es un hábito que, aunque no es malo,
nos vuelve cerebralmente adictos.
Jim Pfaus

Esta forma de entender la relación, marcada por el subconsciente, está basada en la adicción, puesto que la persona enamorada no es capaz de razonar y solo desea permanecer junto al ser amado, sin siquiera plantearse que quizá le esté causando más daño que felicidad.

A continuación presento una lista de elementos o «síntomas»; si te sientes identificado con ellos, trata de analizar tu situación, ya que tal vez esté ocurriendo algo que no estás viendo:

- **Miedo a la soledad**: uno se aferra a su pareja, convencido de que no soportaría la temible soledad.
- **Pánico a ser abandonado**: suele estar enraizado en la infancia. A menudo se dan situaciones paradójicas en las que el dependiente emocional, aterrado ante la idea de un posible abandono, acaba saboteando, desde su subconsciente, esa relación a la que tanto se aferra.
- **Incapacidad para afrontar la propia existencia**: esta idea está relacionada con los pensamientos autolimitadores, cristalizados seguramente durante la infancia o adolescencia y que llevan a otorgar todo el poder al otro, que pasa a controlar no solo la relación sino también la vida del dependiente.
- **Idealización**: una imagen tan idealizada del amor que cualquier relación que no se ajuste a ella, generará frustración y sensación de fracaso. Sin ser consciente de ello, el dependiente emocional va en busca de un ideal y si no lo encuentra, entrarán en juego la negación y el autoengaño.

Estos cuatro patrones son fuente de dolor, decepción y tensión, tanto en los protagonistas de la relación como en el entorno.

Rehabilitarse

Si Raquel, mi cliente, hubiera sido adicta a una droga dura, sus seres queridos al descubrirlo habrían tomado medidas médicas drásticas. Pero en una adicción amorosa, todo es mucho más difuso, y el respeto a la intimidad suele aparecer como factor disuasorio a la hora de intervenir. Es muy posible que los demás sean conscientes de que la persona presenta un comportamiento obsesivo o de que está más tensa de lo normal, pero, a no ser que haya evidencias de maltrato físico (en cuyo caso se ha de actuar siempre con contundencia para evitar males mayores), nadie sugeriría una clínica de rehabilitación.

Pero en realidad lo que sentimos ante una adicción a una persona es lo mismo que podemos sentir si somos adictos a drogas como la heroína o la cocaína. En capítulos anteriores, al hablar de la química cerebral que se desata en nuestro organismo cuando nos enamoramos, vimos que el área del cerebro que se estimula con la presencia del ser amado cuando estamos en esa primera fase es la misma que activaría el efecto de una droga.

Por esta razón, de igual manera que un exalcohólico no puede beber ni una gota de alcohol, porque recaería y se echarían a perder todo el tiempo y el trabajo invertidos, un dependiente emocional que por fin ha decidido romper con su pareja deberá ser lo suficientemente fuerte para desengancharse, luchar contra el «mono» y no contactar con el otro ni en las «dosis» más pequeñas.

Ahora ya sabes que sentir un fuerte apego hacia otra persona, una fuerte dependencia, es una emoción irracional tan poderosa que equivale a una adicción. Nos hemos convertido en adictos a ella, y si hemos tomado la decisión de separarnos, no podemos esperar que el amor, o eso que llamamos amor, que es un apego irracional, se desvanezca de repente por sí solo. De igual manera que ocurre con el alcohol o con las drogas, no funciona así. El cuerpo humano no se despierta un día diciendo: «Mira qué curioso, ya no me apetece nunca más un *whisky*. Ya no quiero ni olerlo».

El camino es difícil, pero hay que hacerlo, y requiere un esfuerzo por tu parte. Y el primer paso para recorrer este camino que empieza hoy, tras tu firme decisión, es comprometerte con el CONTACTO CERO. ¿Esto qué significa? Como decía unas páginas atrás, deberás ser fuerte para no volver a verlo más, para no escuchar de nuevo su voz a través del teléfono, para no echar un vistazo a su muro de Facebook ni a la foto que acaba de colgar en Instagram. *Contacto cero es contacto cero.* Tienes que desterrarlo de tu vida, tanto en el plano físico como en el virtual. Cancela la amistad que os conecta todavía en redes sociales, crea un filtro para que sus correos se vayan directos a la papelera o a la bandeja de correo no deseado, bloquea sus llamadas en el teléfono y, lo que es más importante, trata de no encontrártelo; procura evitar los lugares y círculos que frecuenta. No sucumbas a la vocecita interior que te susurra excusas para saltarte las normas y volver a verlo. No lo hagas.

Más adelante abordaré este tema con mayor profundidad.

INFIDELIDADES

¿Crees que un hombre puede amar de veras a una mujer y traicionarla constantemente? No me refiero a la traición material, sino a traicionarla con el pensamiento, en la misma «poesía de su alma». En fin, no es fácil, pero los hombres lo hacen sin cesar.

Mario Puzo

Aunque sea difícil de admitir, he de decir que la infidelidad en sí misma no es necesariamente negativa: lo que importa es el significado que nosotros le demos. En función de nuestra manera de ver el mundo, de las creencias que alberguemos sobre la vida, del estado de nuestra autoestima, de lo que sintamos por la otra persona o de la concepción que tengamos de la fidelidad, nuestra reacción será una u otra. Cada pareja es un universo y es posible vivir con acuerdos alternativos a lo que las convenciones sociales nos marcan. Hay personas promiscuas por naturaleza que si han sido sinceros consigo mismos y con su pareja, han planteado esta faceta de su personalidad y su compañero la ha aceptado. En ese caso, la relación evolucionará, en función de los pactos a los que hayan llegado. Sin embargo, lo más habitual es que la infidelidad sea una desagradable sorpresa, que amenaza con desmoronar todo lo construido por la pareja hasta ese momento. La reacción inicial ante este hecho, cuando se concibe como una traición, es la de sentirse víctima.

Cuando se descubre una infidelidad, cuando, de la noche a la mañana uno se da cuenta, por la razón que sea, de que su cónyuge ha tenido relaciones íntimas con otra persona, puede sentir que su mundo se viene abajo; no obstante es posible trabajar con el objetivo de sanarlo, de sanar a ambos miembros de la pareja y seguir adelante con más fuerza y un amor maduro y renovado. El problema radica en que la infidelidad genera una deuda emocional muy grande que desata sentimientos de ira, de dolor, de venganza, de tristeza... y es fácil caer en el bucle del eterno reproche en el cual el que ha sido engañado se instala en el rol de víctima, por lo que no permite que la herida sane, se cure y cicatrice. Superarlo es posible, pero ambos han de desearlo y ambos han de esforzarse, ya que durante el proceso habrá que sanar aquello que subyace detrás de la infidelidad, porque no hay que olvidar que si en realidad las cosas hubieran marchado a la perfección, con una relación equilibrada y en perfecta armonía, esto no hubiera ocurrido.

PERO, ENTONCES, ¿QUÉ ES SER INFIEL?

No hay una única definición, y depende de valores personales y culturales. Para algunos se puede ser infiel hasta con el pensamiento, por el mero deseo o por tener fantasías ajenas a la pareja; para otros no se considera infidelidad si no se llega a una relación sexual completa. Entre una tendencia y otra, hay todo un abanico de percepciones. No es lo mismo un *affaire* puntual con alguien desconocido que una auténtica relación paralela que se ha ido construyendo simultáneamente de forma oculta, con implicación y con encuentros prolongados y reiterativos. Y ese abanico aún se ha ampliado más con las *infidelidades virtuales*. Internet y las redes sociales son un hervidero, ya sea mediante una aplicación de mensajería o tras un reencuentro virtual de viejos amigos en Facebook, entre los que a menudo se halla una expareja. Pero al igual que son caldo de cultivo para la infidelidad, también son un nido de pruebas y evidencias. De nuevo, entran en juego los límites que cada pareja establezca. Para algunos está en un beso o en hablar a través de un chat con un extraño, mientras que para otros el sexo anónimo es aceptable siempre que forme parte de un juego, por ejemplo de intercambio de parejas. En una pareja sana emocionalmente las dos personas son conscientes del pacto al que han llegado y de los límites acordados.

Al fin y al cabo, la infidelidad se da cuando tiene lugar la ruptura de un pacto afectivo/sexual preestablecido, mediante un engaño. El contrato no escrito en vigor desde que la pareja se formó es lo que ha marcado la forma de actuar hasta ese momento.

El 90% de la población de nuestro planeta considera que la fidelidad es un requisito básico, imprescindible, para desarrollar una relación sana con otra persona. Aunque la mayoría asegura que la fidelidad no es negociable, y que de ninguna manera aceptarían un amor compartido, a la hora de la verdad se rinden con facilidad. Hay muchos factores que pueden hacernos cambiar de opinión y ver las cosas desde otro punto de vista. Si no fuera así, no tendríamos una tasa de infidelidad del 35% en los hombres y del 26% en las mujeres, según un estudio realizado en 2014 por el Instituto IPSOS.

Creo que la mejor manera de prevenir la infidelidad es trabajar en la relación y en nuestro propio equilibrio y autoestima. Dejemos de lado los mitos y abordemos nuestro caso particular, nuestra propia pareja. Si crees en ella, si quieres que la relación perdure, no abones un terreno que puede acabar convirtiéndose en el camino perfecto para que tu compañero cometa una infidelidad. Para ello, el primer paso es no dar nada por sentado. Si estás tan seguro de tu vínculo que crees que tu pareja siempre va a estar ahí, a tu lado, incondicionalmente, no le prestarás tanta atención como si creyeras que en cualquier momento puede abandonarte. Tampoco es cuestión de vivir con el corazón en un puño, pero a todos nos complace sentirnos deseados y apreciados, por lo que una forma básica de regar la flor de las relaciones es comunicar el amor que la otra persona nos inspira, con pequeños gestos, con palabras, con detalles, con un beso inesperado...

Si ya es tarde para enfocarnos en la fase de «prevenir» y la infidelidad ya ha tenido lugar, lo que tenemos que hacer es analizar la situación con honestidad y tratarla tal y como es.

UNA RESPONSABILIDAD QUE SANA

Es posible que vuestra relación estuviera agotada y nadie hiciera nada para reavivar el fuego. Tal vez un exceso de celos o una actitud posesiva la hayan deteriorado, debilitando los lazos y facilitando la entrada de terceros, y también es factible que las verdades nunca se hayan afrontado y que exista una total ausencia de comunicación a la hora de abordar temas profundos y emocionales. Hay mil escenarios más; por ello tendrás que analizar la situación para dilucidar cuál de esos escenarios es el vuestro. No en busca de culpables, sino para asumir responsabilidades y buscar los porqués y las posibles soluciones. Quizá el episodio se convierta en el acontecimiento que abra esa comunicación que nunca se había establecido de verdad y, si hay amor y deseos de mantener viva la pareja, os podáis replantear vuestras vidas. También es posible que sea el motivo que necesitabas para dar el paso definitivo hacia la ruptura.

Sea cual sea el camino, lo que debes preguntarte en primer lugar es: «¿Qué he aprendido? ¿Qué enseñanzas me deja de cara al futuro?». A raíz de esto se activarán las áreas proactivas del cerebro, centradas en la búsqueda de soluciones, y no te sumergirás en la tristeza provocada por el desengaño. Porque las decepciones son inevitables, pero el sufrimiento que producen es opcional. Cada crisis trae consigo un regalo, pero tienes que saber verlo, tienes que hacer que el dolor haya valido la pena, porque de otro modo, todo habrá sido en balde, y si no haces un profundo —y sincero— trabajo introspectivo, es posible que si te separas acabes con otra persona del mismo perfil y la situación se repita en el futuro. Por eso es tan importante enfocarse en comprender lo sucedido.

Así que, en función de lo que hayas decidido hacer, el camino será uno u otro: o poner las cartas sobre la mesa y enfocarse en arreglar la relación, después de perdonar a tu pareja —perdonándola sin fisuras— o seguir cada uno su camino.

En ocasiones, dar el paso e iniciar la separación, será la opción más sana para ambas partes. Es preferible un divorcio

ANIMALES INFIELES

No somos la única especie capaz de enredarse en líos de faldas. Las aves más infieles son unos pajarillos blanquinegros que reciben el nombre de papamoscas cerrojillo. El macho, cada vez que se cruza con una hembra, trata de aparearse con ella a toda costa, a pesar de que los miembros de esta especie viven emparejados. Las hembras tienen algunas estrategias para combatir esta insistente infidelidad. En primer lugar, pasan muchas horas vigilándolos, de forma implacable, para expulsar a cualquier intrusa que se acerque. Y lo que es más curioso, son ellas las que provocan gran número de cópulas con su pareja, a lo largo del día. De esta forma lo sacian y le restan fuerzas, para que el pequeño *donjuán* no necesite aparearse por ahí, y al mismo tiempo aumentan las posibilidades de ser fecundadas.

La poligamia es lo más habitual en los mamíferos de nuestro planeta. Las especies que mantienen una sola pareja para toda la vida son pocas: la orca, el lobo gris, la nutria, el chacal, el castor o el antílope africano son algunos ejemplos. Sin embargo, las aves son en su mayoría monógamas. Algunas especies forman parejas para toda la vida, como los gansos, las águilas, los albatros y los cisnes; otras pueden prolongar su unión con el mismo compañero durante varias estaciones de cría, como es el caso de las golondrinas, pero lo más habitual en el reino de las aves es que las parejas permanezcan unidas lo necesario para asegurar la supervivencia de su prole, es decir, lo que dura una estación de cría. Hay estudios que afirman que un 90% de las aves que hay en España (ocho mil seiscientas especies) son perfectamente monógamas y fieles a sus parejas.

En el mundo animal incluso existen los divorcios. En el Reino Unido se hizo una comparativa entre dos especies de cisnes, el cisne chico, que tiene una migración larga, y el cisne cantor, con una migración corta, y se descubrió de la segunda especie que al pasar el macho y la hembra menos días juntos no llegan a desarrollar un vínculo entre ambos tan fuerte como los otros cisnes, por lo que, en cuanto alcanzan su destino, son muchos los que toman caminos separados y no vuelven a encontrarse más. Un divorcio en toda regla.

bien llevado que un matrimonio atormentado. Recuerdo una leyenda india que encaja bien con esta idea:

Hubo una vez un rey llamado Julief. Durante su primer año de reinado se enteró de que dos mil parejas se habían divorciado de mutuo acuerdo en el juzgado y se indignó de tal forma que enseguida abolió el divorcio. A lo largo del año siguiente el número de enlaces en el reino disminuyó en más de tres mil, los casos de adulterio aumentaron en siete mil, trescientas mujeres fueron quemadas vivas por haber envenenado a sus maridos, setenta y cinco hombres fueron condenados a muerte por asesinar a sus parejas y el valor de los muebles y objetos destruidos en los hogares superó los tres millones de rupias. En cuanto supo todo esto, el rey Julief legalizó de nuevo el divorcio.

Si la infidelidad ha llevado vuestra relación a la ruptura, has de ser consciente de que el camino que te espera no será sencillo, pero te fortalecerá como persona y te preparará para la siguiente etapa que el universo tiene preparada para ti.

LA INFIDELIDAD EN NÚMEROS

El lugar de trabajo es donde, según las estadísticas, es más probable que surja un *affaire* fuera del matrimonio. Las largas jornadas compartidas con un grupo de personas con una profesión en común, o al menos ciertos intereses, y en ocasiones viajes, congresos o presentaciones, hacen que un desliz de este tipo sea ya un cliché.

Según una encuesta realizada en 2011 a nivel mundial por una web de citas, se descubrió que un 35% de los encuestados afirmaban haber tenido alguna vez una aventura con alguien de su entorno laboral. Un 36% de ellos concretó que había ocurrido en un viaje de negocios.

Pero este tipo de relaciones, que nacen del roce y de la excitación de estar haciendo algo en contra de las reglas, no están destinadas a durar demasiado. Según los resultados de la encuesta, se dilucidó que un 10% de estos *affaires* dura menos de un día, otro 10% no llega al mes, el 50% se prolonga entre un mes y un año, y el 30% restante resiste hasta dos años o más. Muy pocas aventuras extramaritales duran más de cuatro años; de hecho, solo un 3% da el paso y se divorcia de su pareja para casarse con su amante; además, el 75% de ellos acaba separándose muy pronto.

SUPERAR UNA INFIDELIDAD

Después de que la infidelidad haya tenido lugar, si consideras que el amor que te inspira la otra persona es más fuerte que la decepción que sientes por lo que ha ocurrido, y si ambos estáis de acuerdo en trabajar para mantener la relación, podéis enfocaros para salvarla. Como comenté al principio del libro, una relación está fundamentada en tres pilares: el *eros*, la *philia* y el *agapé*. Si ha fallado este punto, pero al menos hay dos pilares sólidos y ambos estáis dispuestos a intentarlo, tenéis trabajo que hacer.

Yo no puedo darte una fórmula única que funcione para todo el mundo, ya que cada situación es totalmente distinta, pero te daré unos consejos que espero que puedan ayudarte a restablecer la relación. Aunque sea difícil recuperar la confianza, es factible construir una relación nueva sobre las cenizas de la que queda atrás y reiniciar el amor que sientes por tu pareja, puede que incluso con más intensidad y solidez que antes.

En primer lugar, has de afrontarlo con franqueza, en lugar de actuar como si nada hubiera ocurrido. Es importante establecer una buena comunicación con la otra persona, pero siempre sin convertirte en un detective morboso que se recree en cada detalle. No seas masoquista: no visualices posibles escenas porque lo único que conseguirás es un dolor mayor.

En segundo lugar, mantén tu dignidad y valórate como mereces, pero tampoco aplastes la del otro. No deberías, jamás, suplicarle que se quede si ha manifestado su deseo de separarse, porque eso no beneficia la reestructuración de la relación y te pone en una posición vulnerable. Y tampoco caigas en la tentación de encarar a quien ha sido su amante, aunque sea alguien de vuestro entorno.

Para que una relación sobreviva a una infidelidad, ambos miembros de la pareja han de trabajar juntos con ese mismo objetivo, evitando que seguir juntos suponga la humillación de uno y la indulgencia del otro. En ocasiones, la parte que ha sido engañada asume un rol de víctima, con el derecho de reprocharle constantemente al otro sus faltas. De ese modo se mantiene una deuda eterna, que no hace sino alimentar el dolor y el sufrimiento.

Y si eres tú la persona que ha sido infiel pero ahora te arrepientes de lo ocurrido y quieres reconstruir tu relación, tu misión principal es lograr que tu pareja vuelva a confiar en ti y en sí misma. No será sencillo, ni es algo que se pueda lograr de la noche a la mañana. Da muestras de sinceridad y honestidad total. Tendrás que explicarle cómo ocurrió y ser consciente de que la otra persona va a estar sumida en un torbellino de emociones y necesita recorrer sin atajos su propio proceso de curación, hasta comprender lo ocurrido y sentir que verdaderamente puede confiar en ti. Has de responder con total sinceridad respecto a lo ocurrido y actuar con transparencia en vuestro día a día, sin dar pie a malentendidos y despejando cualquier sombra de duda.

Además de romper definitivamente con la persona con la que cometiste la infidelidad, es posible que tengas que hacer otros cambios y tomar medidas como, por ejemplo, alejarte de la situación que te hizo ser infiel (esto es especialmente complicado cuando la relación se ha dado en el ámbito laboral). Para la recuperación del equilibrio será imprescindible también establecer una comunicación sincera y honesta, para reconstruir entre ambos esa intimidad que la infidelidad hirió.

LA HORA DE LA VERDAD

Cuando el fuego de la pasión ha dejado de arder o una situación dolorosa se ha interpuesto entre ambos miembros de la pareja, empujándola hacia la ruptura, solo podemos hacer dos cosas: ser sinceros con nosotros mismos e iniciar la separación, si no sentimos lo mismo que nos llevó a querer unir nuestra vida con el otro, o dar un paso hacia la reconciliación, con un compromiso por parte de ambos, y reavivar la llama que un día ardió con tanta intensidad. Una terapia de pareja puede ayudar de forma concreta y personalizada, pero en estas páginas iré exponiendo algunos métodos y prácticas que a otras personas les han funcionado. Confío en que, si tu deseo es reconectar con tu pareja, alguno de ellos sirva, al menos, para marcar la línea de salida en el camino de la reconciliación que devuelva el equilibrio a tu vida y para que descubras tu propia felicidad.

Si tienes dudas, hazte las siguientes preguntas y reflexiona sobre las respuestas, visualizando en todo momento qué es aquello que te impide avanzar:

- ¿Cuántos años piensas dedicarle a esa persona que no quiere cambiar su estilo de vida?
- ¿Qué es lo que te está impidiendo salir de una relación que te hace daño?
- ¿Qué otras personas se ven también afectadas por tu falta de firmeza y tu incapacidad para poner límites?
- ¿Qué te has perdido durante todos estos años?
- Si todo sigue igual, ¿cómo será tu vida en unos cinco o diez años?

Este pequeño pero intenso cuestionario puede llevarte solo por dos caminos: o decir «basta» o entregarte de lleno en el proceso de perdón.

Si eliges la segunda opción, te queda una ardua tarea por delante, y debe ser constante y sincera para que realmente funcione. La infidelidad es como una herida en el alma que no hemos de esforzarnos en olvidar, puesto que forma parte de nuestra vida, pero sí aprender a recordarla cada vez menos, y que esos recuerdos lleguen a ti con menos dolor en cada ocasión. Esa es la única forma de sanar para recuperarse verdaderamente de una infidelidad. Sin embargo, tras hacerte estas intensas preguntas también puedes darte cuenta de verdad de que lo que te conviene, lo que os conviene a ambos, es el camino de la separación definitiva.

Y CUANDO TODO SE ACABA...,
¿QUÉ?

Desde que ejerzo como psicólogo, son numerosísimas las personas que acuden a mi consulta para tratar de aliviar su corazón roto tras una ruptura. Algunas de ellas apenas han dejado pasar unas horas desde el final definitivo de la relación, y otras llevan varios meses sumergidas en un intenso dolor que no acaba de cicatrizar. En ningún caso es fácil salir de esta espiral de ansiedad que nos provoca una ruptura. La autoestima resulta inevitablemente dañada, incluso si la decisión ha sido nuestra o de mutuo acuerdo. Hemos amado, hemos imaginado la vida a su lado, hemos compartido momentos únicos, hemos experimentado la felicidad más auténtica, y de repente, llega el día en que ese amor que hemos invertido se escurre entre nuestros dedos como la fina arena de la playa. Y nos quedamos sin nada más que un corazón vacío y un nudo en el alma. Es un dolor real, físico. La ansiedad que genera la noticia de que el ser que amamos se marcha y sentir que la historia que nos sostenía ha llegado a su fin provoca que el cuerpo libere en el torrente sanguíneo niveles elevados de unos neurotransmisores llamados catecolaminas, entre los que se incluyen la adrenalina, la noradrenalina y la dopamina. Son sustancias que en grandes cantidades son nocivas para el organismo y que afectan al corazón —se las relaciona incluso con el infarto de miocardio—. Por eso nos falta el aire, se aceleran las palpitaciones, los niveles de estrés se disparan y uno cree que realmente está al borde del abismo, que no va a ser capaz de soportar el dolor. La experiencia suele ser más dura para el que no era consciente de nada y es abandonado por su cónyuge de manera inesperada que para quien lo venía rumiando durante un tiempo (aunque ese «rumiar» también es fuente de ansiedad, estrés y depresión, prolongados además en el tiempo) o para las parejas que deciden que estarán mucho mejor si cada uno sigue su propio camino.

En realidad, la ruptura, la ausencia del ser amado, puede ser una oportunidad de crecimiento, una ocasión de ponernos a prueba y salir fortalecidos de la experiencia. Como decía el sabio bengalí, Rabindranath Tagore: «Si por la noche lloras por no ver el sol, las lágrimas te impedirán ver las estrellas». Sé que es fácil decirlo y analizarlo, pero no resulta tan sencillo vivirlo en la propia piel. Y lo sé porque yo lo he vivido. Sin embargo, después de haber sentido lo que es un corazón roto, tras muchos años de una relación estable, y tener que recoger los pedazos, convencido de que nunca vas a poder sentir algo así por otra persona, puedo asegurarte que la vida está llena de posibilidades. Hay una inmensidad de opciones ahí fuera, que no sabremos ver si nos quedamos enfocados en la pérdida, en lo que ya no es, en lo que forma parte del pasado. No hay duda de que el dolor de una ruptura es real y hay que vivirlo, experimentarlo y llorarlo, pero si lo asumimos como una fase más, que atravesaremos tarde o temprano, y aceptamos que aún están por llegar numerosos momentos que nos volverán a colmar de felicidad, la percepción que tengamos sobre la ruptura será diferente.

EL CAMINO DEL DESAMOR

Es doloroso despedirse de alguien que no quieres dejar ir, pero más
doloroso es pedirle que se quede cuando lo que quiere es irse.
Martha Debayle

Hemos llegado a un punto muy relevante de este libro. El momento en que somos conscientes del final de la relación, ya sea por un proceso de desgaste natural, que ambas partes asumen, o debido a un hecho más o menos traumático.

La decisión está tomada. El proceso vital que te llevó un día a unir tu camino con el de esa otra persona ha llegado a su fin. Todos hemos pasado en algún momento por esta experiencia. Hay quien lo vivirá como una liberación, y le será relativamente sencillo pasar página y enfocarse de nuevo en el futuro, pero para otros supondrá un auténtico trauma emocional que nubla su capacidad de pensar con claridad, desequilibra su identidad y hace que su vida se desmorone. En mayor o menor medida, una separación es siempre un salto al vacío sin paracaídas, y la violencia del impacto dependerá de lo preparados que estemos para la experiencia y de lo conscientes que seamos de la situación.

«Tanto la quería que tardé en aprender a olvidarla diecinueve días y quinientas noches», dice Joaquín Sabina. Es una forma muy poética de plantearlo, pero lo cierto es que, aunque cada persona tiene sus propias particularidades y no podemos medir todas las situaciones con los mismos términos, se calcula que se necesita un mes de duelo por cada año de relación. Pero esta idea responde a números y a probabilidades, y yo creo que los elementos implicados son mucho más profundos: la dependencia emocional que hayamos desarrollado hacia el otro, la capacidad de ser autónomo (o no) económicamente, la existencia o ausencia de hijos, los precedentes familiares, la fortaleza psicológica...

Una de las tareas más duras que tendrás que acometer será aprender a mirar al futuro sin la persona que considerabas que permanecería a tu lado. En función del tiempo que llevaseis juntos, habías asimilado, aunque fuese en el plano inconsciente, cómo podría ser esa vida futura que estaba por venir, y ante ese evento que no puedes controlar y que ha anulado todas tus certezas sientes que estás frente a un acantilado sin fondo.

La emoción que nos acompañará en esos duros momentos es el miedo. Porque el miedo es lo contrario al amor. Puede que creamos que solo estamos tristes, o desorientados, pero no hay duda de que el miedo es la emoción subyacente. Miedo a lo desconocido, miedo a no ser capaz de salir adelante, miedo a no encontrar el amor nunca más, miedo a la soledad... Somos humanos y es normal que las emociones intensas de este tipo se adueñen de nosotros por un tiempo.

Es perfectamente natural, y más adelante hablaré en profundidad de este duelo necesario. Sabiendo las fases que están por venir y conociendo mejor lo que nos ocurre y por qué, será un poco más fácil avanzar y superar el proceso.

ATASCADOS EN EL DOLOR

Cuando una pareja se rompe, en ambos miembros se desata una actividad bioquímica y emocional que puede poner su mundo patas arriba. Sin embargo, la situación es distinta en función de si eres el que dio el paso o el que no se esperaba que su pareja se quisiera marchar. Si te abandonan, si la otra persona se baja del tren cuando habíais hecho el pacto de que recorreríais juntos la distancia que queda hasta el final de vuestra vida, te quedas noqueado, fuera de juego. Sientes un gran impacto, y no sabes bien cómo reaccionar. Si eres la persona que ha decidido poner punto y final a vuestro vínculo, aunque llevaras un tiempo meditándolo, tampoco es de esperar que estés perfectamente de la noche a la mañana. Al fin y al cabo, es una situación que ha provocado dolor en vuestros corazones, y adaptarse a una vida en solitario después de convivir mucho tiempo emparejado no es fácil para nadie. Pero en momentos así, en los que podemos sentirnos traicionados, dolidos e incluso profundamente indignados, es posible que sintamos el impulso de tomar el camino incorrecto, dejándonos llevar por la ira y haciendo y diciendo cosas que nacen desde nuestra área más primitiva del cerebro.

En un instante, cambia tu percepción sobre la otra persona. Ahora es un malnacido, o una zorra sin corazón. Te afianzas en la posición de odiarlo, de detestarlo, de cargar tu rabia y tu frustración contra el otro.

También es habitual hundirse en la desesperación y preguntarse: «¿Por qué a mí?». O culparse de forma implacable: «¿Cómo pude ser tan imbécil?». Pero sintiéndote así, lo único que logras es menoscabar tu autoestima, hundir tu amor propio y reforzar el rencor. No te has de sentir estúpido por no haber adivinado antes lo que iba a suceder. Una separación es algo que, por supuesto, estará enraizada en graves problemas conyugales enquistados, pero ese es un asunto que has de dilucidar desde la consciencia, en busca de la verdad, para sanar emociones pendientes y mejorar como persona, sin echarle la culpa a tu desconocimiento.

El problema de dejarse llevar por estas ideas es que es posible que en tu siguiente relación el instinto de supervivencia te impida abrirte y confiar en la otra persona, por miedo a ser vulnerable y a sufrir de nuevo por amor. Sin embargo, en las relaciones de pareja, todos hemos de correr ese riesgo; si no nos abrimos sinceramente al otro, no estaremos amando de verdad.

Si aparecen sentimientos de culpa, si estás convencido de que el amor en tu pareja se ha esfumado porque has hecho algo mal (tú y solo tú) y asumes toda la responsabilidad, la pesada carga de vivir cada día sabiendo que tus malos actos o tus poco inspiradas palabras desembocaron en la ruptura de tu matrimonio, no alimentes esa línea de pensamientos. Deséchala. Quizá cuando se empezó a desvanecer el vínculo construido por las primeras fases del enamoramiento (el inevitable proceso del que te hablé en los primeros capítulos del libro) no supisteis cómo hacer que la relación se edificara sobre otras ideas y valores, por lo que, al mitigarse la pasión inicial, todo desapareció con ella.

No existen culpables en las rupturas. Piensa que cuando nos enamoramos de alguien, nos estamos enamorando de lo que ese alguien es en ese momento, pero el tiempo ha pasado, acompañado de vivencias, ideas, pensamientos y experiencias, que son lo que nos va modelando incesantemente. Todo ello afecta a nuestra forma de ser, es inevitable. Si tú no eres la persona que eras hace diez años, ni seis, ni cuatro, ni dos; si eres alguien distinto, que se ha transformado y ha evolucionado con los años, debes ser consciente de que tu pareja también ha vivido ese proceso. Quizá unos rasgos latentes hace un tiempo ahora son manías evidentes, o puede que las inquietudes y posturas hayan cambiado al ascender profesionalmente o tras una quiebra económica. No somos rocas, somos seres que no dejan de cambiar y transformarse. Incluso durmiendo estamos procesando experiencias y pensamientos que van a influir en quienes somos. Además de eso, solemos enamorarnos de una proyección, es decir, de quien creemos que esa persona es, por lo que es posible que, después de un tiempo, nos demos cuenta de que no bailamos la misma melodía, pero eso no significa que haya culpables a quien señalar. Es el proceso mismo de la vida el que una vez nos unió y que en este momento nos está encaminando por direcciones distintas.

Hay quien afronta la ruptura con cierta arrogancia: «¿Cómo se atreve a hacerme esto? ¡A mí!». Esto nace también de una visión distorsionada de los hechos. Nadie se casa ni se va a vivir en pareja planeando que a los cinco años y medio, por poner un ejemplo, dará por concluida la relación y se marchará tan campante con otra persona. No. Es la vida misma la que nos va llevando por distintos caminos en función de las decisiones que tomemos. Buscar culpables es infructuoso.

Recuerdo a una cliente que llegó a mi consulta tras una traumática separación. Su marido le había sido infiel con una compañera de trabajo y el matrimonio se había hecho añicos. Esta mujer, antes de empezar la terapia, estaba traumatizada, el dolor la había llevado a la desesperación y había sido incapaz de salir de esa angustiosa espiral por sí misma. Sentía un profundo rencor por el que ya era su ex y al poco de empezar la sesión me dijo que una de las cosas que más le dolían era pensar en su marido junto a aquella chica. Imaginaba que mientras mantenían relaciones se burlaban de ella. Afortunadamente pude hacerle comprender que sus suposiciones no tenían ninguna lógica y que rozaban lo paranoico.

Según un estudio realizado por una famosa web de citas en 2012, uno de cada dos españoles (y españolas) confiesa haber tenido un *affaire* con un compañero de trabajo. Es un fenómeno que tiene su sentido, dado que es donde más tiempo pasamos, y no olvides el dicho: el roce hace el cariño. Y aunque con esto no quiero justificar al marido infiel, puedo afirmar que, entre todas las razones que pudieron hacer saltar la chispa entre ambos y entre todas las motivaciones que los pudo hacer involucrarse en esa relación extramatrimonial, no estaba, precisamente, la de reírse de la esposa engañada.

Sin embargo, en su mente así era, por lo que cada día alimentaba esa creencia lacerante, que minaba su autoestima. Comprender las razones del otro y estudiar, con sinceridad, las carencias que tuvo la relación son puntos básicos para sanar y dejar que la vida siga adelante.

Otra respuesta que en algunos se genera de forma automática es apelar al sentido de justicia: «Después de todo lo que he hecho por ti... No es justo». Es un punto de vista que genera un intenso dolor y que en muchas ocasiones está vinculado a una relación asimétrica, en la que uno de los cónyuges asume el rol de víctima. Desde ese rol vivirá aceptando desaires, incluso esporádicas infidelidades, con estoicismo, entregándose a la relación más de lo que resultaría realmente sano y esperando que dando tanto y cuidando al otro con infinita dedicación, sus esfuerzos acabarán siendo recompensados. Las personas con esta forma de entender y sentir la relación no dudan en humillarse si hubiera con ello posibilidades de volver al *statu quo* anterior. Sin embargo, el hecho de que una relación de este tipo se rompa has de tomarlo como un regalo del universo. Será necesario un profundo análisis de las carencias vividas y alimentadas durante la relación, pero así puedes aprender de tus errores y prepararte para que tu próxima experiencia sea indudablemente mejor.

Otra creencia con la que nos encontramos habitualmente en las personas que han sido abandonadas por su cónyuge es la que subyace bajo un reproche muy común: «Contigo he desperdiciado los mejores años de mi vida». Es un pensamiento que nace del dolor y de la frustración, incluso del orgullo herido. Caer en el hábito de pensar en el ayer en términos de «qué hubiera ocurrido si...» puede convertirse en una idea muy dañina y desesperante, en algo que no te va a llevar a reconstruir tu vida ni a sentirte mejor en tu piel. Lo único que logras es hundirte en una espiral movida por el pánico, por el miedo y por la rabia. Hasta que nuestros queridos científicos no inventen una verdadera máquina del tiempo, centrarse en cómo habría sido nuestra vida ahora mismo de no haber tomado aquella decisión, de no haber hecho aquello que hicimos, de no haber conocido a determinada persona... no es más que un debate estéril, que no te llevará a ningún estado de ánimo productivo.

El tiempo que vivimos, sea con quien sea que lo hayamos compartido, no es una pérdida ni un desperdicio, es una inversión que hacemos en nuestra propia vida, construyendo una identidad, elaborando nuestras referencias futuras. Y, de hecho, la otra persona ha invertido exactamente el mismo tiempo que tú en vuestra relación, una aventura que emprendisteis juntos, y si la relación ha acabado, no queda más que aprender de los errores, asumir una parte de responsabilidad y seguir adelante.

El abatimiento también puede hacer que uno se sienta ante un callejón sin salida: «No voy a poder salir adelante sin mi pareja». Esta inseguridad entra dentro de lo que se espera de alguien que acaba de ser testigo de cómo su mundo se hace pedazos. Las personas dependientes son las más vulnerables en este aspecto; llevan demasiados años poniendo sobre los hombros de su cónyuge la carga de llevar las riendas de las vidas de ambos, incluso de darles sentido. Quizá ha llegado un punto en el que no son capaces de tomar ni la más mínima decisión, ya que su naturaleza buscará siempre la aprobación del otro. En situaciones así lo importante es ayudar al dependiente a ser consciente de todo lo que tiene para ofrecer a este mundo y lo mucho que le queda por descubrir sobre sí mismo. No será coser y cantar, pero gracias al apoyo, a la compañía y a la fuerza de amigos íntimos y familiares, uno puede ganar la confianza suficiente para darle la vuelta a su penosa situación y tomar el control de su existencia. Recuerda que nadie es el amor de tu vida; tú y solo tú eres el amor en tu propia vida. Los demás son pasajeros que se suben a tu tren y te acompañan durante una serie de paradas.

Enfrentarse a la ausencia de compañía permanente también puede desencadenar otros pensamientos fatalistas que son más comunes de lo que querríamos creer: «Siempre estaré solo...», «Nadie me amará como él...» o «No volveré a confiar en ninguna mujer...». La soledad puede ser una rotunda condena para quien no ha aprendido a valorarla ni a hallar la sabiduría que se esconde tras ese estado. Es posible que con tu pareja sintieras una auténtica conexión metafísica, sobre todo al principio. ¿Te suena aquello de «justo pienso en él y me llama por teléfono»? ¿O lo de «ella sabía exactamente lo que pasaba por mi cabeza»? Son efectos colaterales de las primeras fases del enamoramiento, donde parece que los astros se alinean cada vez que tenéis una de esas conexiones mágicas, aunque en realidad es la revolución de hormonas que bulle en tu interior y que está preparando el terreno para seguir su misión de perpetuar la especie. Son relaciones asimétricas, donde uno de los cónyuges se entrega más a la relación que el otro, de forma tan explícita que la diferencia de intereses entre cada uno resulta obvia. Además, a la hora de enfrentarse a la ruptura, aquel que brindó su amor de forma casi incondicional sentirá que su corazón se parte en dos y tendrá que ir reconstruyéndolo poco a poco. Luego le tocará lamer sus heridas y recuperar la confianza en un futuro que esconde una latente colección de historias de amor que se pueden hacer realidad en cualquier momento.

Por último, existe otro mecanismo de defensa que se da con frecuencia: asumir que todo ha sido mentira desde un principio. Según esta idea, el resultado final anula todo el proceso, como si la separación fuera la guinda de una conspiración que, desde el minuto uno, se haya gestado en tu contra, para hacerte infeliz. Seguro que al principio la relación estaba llena de amor, pero las personas cambian, y no por ello hemos de empezar a aborrecer y a detestar a quien una vez adoramos. Nada en este mundo es permanente, y los sentimientos, menos todavía. Si quien una vez te amó al cabo de los años ha dejado de hacerlo, eso no significa que todo lo que has vivido haya sido una farsa. Pensar eso ni te reconfortará ni te ayudará a curar las heridas de tu corazón.

Espero poder darte en las siguientes páginas la caja de herramientas emocionales que te ayudarán a que tu próxima relación se construya desde unos buenos cimientos, para que sepas aprender del dolor que has vivido, asumiendo tu parte de responsabilidad, y ser a partir de ahora más fuerte, capaz de enfrentarte a la vida con decisión y nuevas destrezas.

ACEPTANDO LA RUPTURA

De acuerdo. Ya todo ha acabado. Tu mundo se derrumba, se cae a pedazos, ¿verdad? La buena noticia es que por muy mal que te encuentres ahora —aunque te falte el aire y sientas esa presión insoportable en el corazón—, todo esto pasará. Te lo aseguro.

Has vivido una dura experiencia emocional, mejor dicho, la estás atravesando ahora mismo, y aunque te parezca imperceptible, cada paso que avances en el camino estará alejándote del dolor y aproximándote a un mundo maravilloso que pronto podrás vislumbrar, un mundo donde eres dueño de tu destino y te amas a ti mismo tal como eres.

Si estás leyendo estas páginas, si has viajado ya por los capítulos anteriores, es una buena señal. Te encuentras en el camino correcto. Aún queda mucho por recorrer, pero yo voy a acompañarte, voy a ayudarte a ver tu situación desde otra óptica para que puedas canalizarla sabiamente y reinventarte.

Nadie posee a nadie

En nuestra sociedad, quizá debido al lenguaje, o a imposiciones culturales que no cuestionamos, solemos referirnos a los demás, a nuestros familiares y amigos, como si fueran de nuestra propiedad. Son MIS amigos, MIS hermanos, MI pareja... El adjetivo posesivo denota propiedad directa, sin importar el objeto al que se refiere: MI nariz, MI nombre, MI coche o MI cumpleaños. Por lo tanto, MI novio, MI novia, MI esposa, MI marido, MI amante... son todos míos. *Me pertenecen.* Por supuesto, a nivel semántico, su uso es no solo correcto sino necesario, pero cuando hablamos de personas, el subconsciente puede procesarlo de manera patológica.

¿Qué es realmente mío de toda esta lista, de todas las palabras a las que antepongo el posesivo? En realidad, todo cambia, de un instante a otro, de un mes a otro, de un siglo a otro. No hay nada permanente. Todo es relativo, subjetivo y condicionado.

Por eso a veces es tan difícil asumir que el fin ha llegado y que la persona con la que habíamos planeado un futuro en común ya *no es nuestra*. Ya *no es tuya*. *No te pertenece.* Porque, de hecho, *nunca te perteneció.* Espiritualmente solo poseemos nuestro propio ser. Cada vida sigue su propio camino; a veces

los caminos se cruzan y compartimos experiencias y emociones, pero cada uno tiene la libertad de seguir avanzando hacia
su lugar de destino.

Nada es permanente

Esta es una cuestión clave a la hora de trabajar el desapego. Podemos sentir amor puro e intenso por otras personas:
padres, hijos, amigos, hermanos, abuelos..., pero dado que la
vida está en continuo movimiento, no podemos esperar que
nada permanezca tal cual es en este momento. Todos hemos
de vivir nuestra propia evolución y las personas que amas se
marcharán algún día, es ley de vida, así como también lo haré
yo y lo harás tú cuando llegue el momento. Aunque espero
que después de una vida larga, con la satisfacción de haberle
sacado todo el jugo, disfrutando y compartiendo.

Por esta razón hemos de aprender a «soltar». Pero «soltar» no es mostrar indiferencia por los demás ni actuar como
si no nos importasen, sino ser honesto con uno mismo. Tampoco se trata de cortar los vínculos de manera dolorosa, sino
de interactuar con los demás, siendo conscientes de que no
podemos controlarlo todo, de que las cosas son como son y
los imprevistos ocurren sin remedio. No podemos forzar los
resultados.

La vida puede cambiar en un segundo. Una llamada de
teléfono puede hacer que dentro de una semana estés viviendo en Shanghái. Todo es posible. Los cambios se suceden
unos a otros, y si nos apegamos con rigidez a las personas,
a las circunstancias y al entorno, será muy duro afrontarlos.
Lo más sano es fluir. Aceptar las cosas como son y confiar
en que incluso muchos cambios radicales inesperados, que

se presentan como desgracias, portan un regalo que hay que saber ver.

Hay quien le grita enfadado a la lluvia, y quien despotrica contra los demás conductores en un atasco, tocando insistentemente el claxon. ¿Acaso la lluvia decidirá dejar de caer porque en ese momento no nos venga bien un día lluvioso? ¿O los coches se desvanecerán milagrosamente ante cada nuevo pitido del claxon? No, por supuesto. No sirve para nada, y es un ejemplo clarísimo de estar apegado al resultado, de no saber aceptar lo imprevisto. Y esta idea es clave, puesto que nuestro estado de ánimo no debería depender de aquello que somos incapaces de controlar. Si llueve, llueve. No podemos frenar la lluvia, pero sí podemos escoger mojarnos o quedarnos a resguardo. Incluso podemos elegir el color del paraguas que vamos a usar. De igual manera que hemos de aceptar la lluvia, aceptamos a los demás con sus luces y sus sombras. Lo hacemos porque los amamos, no porque creamos irracionalmente que sin ellos, nuestra vida se va a arruinar. Es mucho más sano y bello estar junto a alguien que te ama, y que te ha elegido, que seguir con esa persona que permanece contigo porque tiene miedo de quedarse sola o porque prefiere seguir en su zona de confort, en una vida sin amor, que enfrentarse a un cambio.

Si supieras que en algún lugar del mundo existe esa persona que reúne todo lo que tú deseas en una pareja, que está buscando a alguien exactamente como tú, que se enamorará de ti en cuanto te conozca, al mismo tiempo que tú sentirás el corazón atravesado por la flecha de Cupido... Si supieras que esa persona maravillosa desea encontrarte, que con ella vas a vivir momentos intensos y abrumadoramente felices y que junto a ella vas a crecer como ser humano..., ¿verdad que no te costaría tanto enfrentarte a esta ruptura?

Pues bien, no es algo tan descabellado como parece. Convivimos con más de siete mil quinientos millones de habitantes en este pequeño planeta. Por lo tanto, tienes miles de millones de posibilidades de encontrar una persona que se convierta en el nuevo amor de tu vida. ¡Por supuesto que sí!

De todo se aprende

Es más fácil decirlo que hacerlo, pero tras una ruptura, es importante tomar la determinación de sacar la lupa y revisar los recuerdos, mirar con detenimiento la forma en que evolucionó la relación, desde el día en que os conocisteis hasta el momento del adiós. De este modo puedes aprender de lo vivido, reflexionar sobre cada adversidad que tuvisteis que superar o que os superó. Tienes el derecho de expresar la rabia y la impotencia que sientas, pero, cuando ya te hayas desahogado, cuando el nudo de tu corazón se haya atenuado, llega el momento del autoanálisis, porque reconociendo y analizando los errores cometidos aprenderás más sobre quién y cómo eres; de ese modo mejorarás tus habilidades emocionales y sociales para poder vivirlo de una forma distinta en la siguiente experiencia amorosa. Aprenderás de tus errores y lograrás una versión mejorada de ti mismo, listo para iniciar una nueva etapa de la vida en un nivel más elevado. Eso sí, recuerda siempre que no hay culpables: todo forma parte de un proceso natural.

Sin embargo, es esencial no confundir autoanálisis con lo que en psicología se conoce como «rumiación», un estado cognitivo en el que el pensamiento cae en un círculo vicioso pero que en realidad se trata de una forma desadaptativa de la autorreflexión que intensifica la angustia. No te agobies por los recuerdos. Es un punto de enorme importancia, pues, no traspasar ese límite y evitar los bucles de pensamientos cada vez más tristes y oscuros, que nos sumen en un agujero de culpabilidad y miedos. Cuando algo parecido te ocurra, redirige la atención hacia un camino más constructivo. Pregúntate qué aprendiste de la experiencia. Analiza lo vivido, si ves que lo necesitas, y siente agradecimiento por haber tenido aquello en tu vida. Las situaciones y circunstancias con las que te has ido topando en tu ciclo vital son las que te han convertido en quien eres y te han dotado de la fortaleza que ahora te ayudará a superar cualquier imprevisto con el que te encuentres.

Cambia tú, y el mundo cambiará

Las razones que te llevan a pensar que tras la ruptura no volverás a enamorarte de igual modo son invenciones de tu ego, de la parte de tu mente que se quiere aferrar a lo conocido. Si tu baja autoestima se fundamenta en la imagen que tienes de ti mismo, proponte cambiarla. Eso está a tu alcance, y solo tú manejas las riendas de tu vida. Empieza a hacer ejercicio, si lo que quieres es estar en forma. Es algo que recomiendo encarecidamente, sea cual sea tu estado, porque el ejercicio libera endorfinas y por tanto levanta el ánimo. De hecho, en cuanto establezcas una rutina de, por ejemplo, ir a caminar una hora cada día a buen ritmo, o a pedalear veinte minutos, te resultará difícil no cumplirla porque, ¡tu cuerpo te lo pedirá! Tú mismo sentirás el deseo de correr, de nadar, de practicar ese deporte al que te has aficionado. Los sabios de la antigüedad no lo decían por decir: *mens sana in corpore sano*.

Sea lo que sea lo que te haya convencido de que no eres una persona lo suficientemente valiosa para encontrar una pareja digna, está en tu mano arreglarlo. ¿Sientes que te falta formación, que en una conversación de cierto nivel intelectual no tienes nada que aportar? En ese caso, empieza ahora mismo. Lee libros enriquecedores, apúntate a clases de temas que te interesen, empieza a estudiar un nuevo idioma. Todo lo que hagas para cuidarte y mimarte, además de contribuir en tu felicidad, te acercará a metas que antes creías inalcanzables. Estarás afianzándote como persona y potenciando tus talentos. Plantéatelo como un proyecto de crecimiento personal, pero no olvides marcarte metas pequeñas, accesibles y cuantificables, porque si no, el reto te superará y tirarás la toalla. Y eso es absolutamente contraproducente para reparar una autoestima dañada. Por ejemplo, si te has propuesto aprender chino mandarín en un año, mi consejo es que te replantees el desafío. Elige un idioma más fácil de asimilar, o divide el objetivo final en metas más pequeñas, porque la única forma de aprender un idioma tan complejo en un año (sin dedicarle veinte horas al día) sería si Lawrence Fishburne descargará los datos en tu cerebro desde un USB, al estilo *Matrix*.

Ábrete a las posibilidades

Piensa que el hombre, o la mujer, de tu vida podría estar ahora mismo cerca de ti, viviendo en tu edificio, tomando el metro a la misma hora o trabajando en esa empresa o en esa tienda frente a la que pasas cada día. Sin embargo, si tu energía está enfocada en el pasado, en el dolor de la ruptura, en lo que has perdido y no en lo que podrías ganar, vas a estar ciego ante los regalos que el destino te puede estar poniendo por delante: emociónate por todo lo que está por venir, no estés triste por lo que ya se fue.

Piensa que tienes a tu alcance múltiples posibilidades. Antes te comentaba lo de asistir a alguna clase o aprender un idioma. Pueden ser maneras estupendas de conocer gente con intereses similares a los tuyos. Atrévete a hacer cosas que nunca hubieras hecho mientras te hallabas inmerso en esa relación tóxica (o simplemente acabada) de la que estás empezando a salir.

Planificar y soñar

Piensa en el futuro. Imagina a la persona ideal con la que te gustaría compartir tu vida. Lo digo de verdad, no estoy hablando de una fantasía vacía. Es importante saber a dónde queremos llegar antes de elegir entre los cinco trenes que tenemos en la estación. No puedes subirte al primero que pase o elegirlo solo porque está detenido en el andén más cercano; debes tomar aquel que te lleve al lugar donde quieres ir. ¿Y cuál es ese lugar? No hay una única respuesta a esa pregunta, pero, por ejemplo, si eres una mujer que desea formar una familia, un hombre que ya tiene sus propios hijos y no se plantea tener más no es una buena opción, así como tampoco lo es alguien que haya decidido no tener hijos nunca y se haya sometido a una operación quirúrgica que se lo asegure. Ninguno de los dos es *tu tren*.

No se trata de escoger a personas idénticas a nosotros mismos (sería aburridísimo) pero hay algunos puntos, referentes al estilo de vida y a la escala de valores, que se han de tener muy presentes. Voy a contarte una curiosa historia que seguro que te hará reflexionar sobre el destino y sobre la compatibilidad. Graham Steele estaba convencido de que encontrar a la pareja idónea era una cuestión de números. Se acababa de quedar soltero, una vez más, a los cincuenta, y tras meditarlo mucho y planificar debidamente, dio su primer paso para encontrar a la mujer ideal: hacer una lista con los rasgos que esperaba encontrar en esa compañera soñada. Graham había tenido varias relaciones y ninguna había funcionado.

Cuando conocemos a alguien y salta la chispa, podemos dejar de lado las ideas que teníamos sobre el tipo de persona que queremos, porque las hormonas se adelantan, lo inundan todo y nos hacen perder la razón. Sin embargo, cuando las fases del enamoramiento se van sucediendo, llega un día en que descubrimos que nuestro compañero de vida hace todo lo que detestamos. Graham no quería volver a dejarlo en manos del azar, así que enumeró:

- Entre veinticinco y cuarenta y cinco años.
- Buena presencia.
- Que esté en forma, sana.
- Cariñosa, tierna y atenta.
- No fumadora.
- Licenciada.
- Gusto por la música y que toque algún instrumento.
- Buena conversadora, culta.

Acto seguido, se describió a sí mismo lo más honestamente que pudo, escogió una buena fotografía y se dirigió a páginas web de contactos del mundo entero. La misión para encontrar a la mujer ideal acababa de empezar. Llegó a dedicarle una media de sesenta horas a la semana, y así estuvo durante tres años. Subió a la Red todo tipo de detalles de sí mismo, contestaba las respuestas que recibía y chateaba con mujeres de todo el mundo.

Su enfoque era de lo más lógico: en el planeta había por aquel entonces unos seis mil quinientos millones de personas, alrededor de un 50% mujeres, lo que significaba más de tres mil millones de féminas. Según las fuentes que consultó, un 14% estaban dentro de la horquilla de edad que él había marcado. Eso arrojaba una cifra de cuatrocientos cincuenta y cinco millones. Hay que tener en cuenta que buena parte de ellas tendrían pareja, pero cuando hablamos en términos mundiales, las cantidades son desorbitadas. Así que, con el objetivo en mente y muchas ganas de lograrlo, Graham se enfocó en la tarea de encontrar la aguja en ese impresionante pajar:

- Vio más de veinte mil perfiles en distintas páginas de contactos.
- Redujo la lista a unas mil mujeres potenciales, un 5% de la cantidad anterior, que parecían reunir los requisitos que él buscaba.
- Envió su foto y su descripción a este millar de usuarias y obtuvo respuesta del 30%.
- En sus conversaciones descubrió que de esas trescientas mujeres, doscientas ochenta y cinco deseaban tener hijos.
- Acto seguido respondió a esas candidatas, dejando claro que él no quería volver a ser padre porque ya

tenía tres hijos. Alrededor de un 60% de la lista no quiso seguir adelante bajo esas circunstancias.

- Llegados a este punto, tenía una lista de unas ciento veinte mujeres con las que sería factible emprender una relación.

- Con estas ciento veinte mujeres estableció una comunicación más fluida a través del chat, el teléfono y el correo electrónico.

- De entre ellas, escogió a treinta y ocho. Las invitó a que fueran a visitarlo a su país, Australia, con la condición de que ellas se pagasen el vuelo (para comprobar su grado de compromiso con el deseo de encontrar la pareja ideal) y él se haría cargo de todo lo demás. Dieciséis mujeres aceptaron.

- Las que habían aceptado, también estaban de acuerdo con la idea de practicar sexo prematrimonial si surgía la chispa cuando se conociesen en persona.

- Y llegó la última fase. Durante meses, fue recibiendo a todas las candidatas. Con la mayoría de ellas lo pasó en grande y con algunas no hubo química ninguna, pero gracias a este rocambolesco proceso, Graham encontró por fin lo que buscaba.

En su libro *All the Best Ones Aren't Taken* explica paso a paso el sistema que le llevó a conocer al amor de su vida. Un sistema impensable en la era pre-Internet. Nunca se habrían encontrado si no hubiera sido por su idea. Emma resultó ser la mujer perfecta para este promotor inmobiliario australiano, a pesar de que vivía a miles de kilómetros de distancia, en China, concretamente. Tenía veintinueve años y era contable. Nada más conocerse sintieron una química irresistible, enseguida se comprometieron y en un año ya estaban casados. Aquella aventura tuvo lugar allá por el año 2000, y hoy siguen juntos. Es probable que las etapas iniciales del enamoramiento hayan quedado atrás, pero su compatibilidad fue estudiada tan minuciosamente que el amor permanece con los años, cimentado sobre una complicidad y una confianza cada vez más fortalecidas.

Quizá un método tan técnico pueda resultar poco romántico, pero Emma está encantada de pensar que su marido la eligió entre veinte mil candidatas: pocos podemos decir lo mismo.

Seleccionar a partir de una lista da resultado.
La damisela en apuros y el caballero en un blanco
corcel solo existen en los cuentos de hadas.

Graham Steele

CONTACTO CERO

Como la mayoría de nosotros, yo también me he enfrentado a una separación, y puedo hablarte desde la experiencia. Cuando estés atravesando la delicada fase de contacto cero, es importante que te premies a ti mismo con cada logro. ¿Cómo? Hazte con un calendario y con un paquete de pegatinas verdes y rojas. Me refiero a esos círculos o cuadrados adhesivos que se utilizan en las escuelas infantiles para premiar a los niños. Si lo viviste en tu infancia, con más razón todavía. Así, marcarás con una pegatina verde (o del color que mejor se adapte al concepto que tienes de premio) cada día que hayas conseguido superar sin caer en la tentación de contactar con tu expareja. Es muy importante que no sepáis absolutamente nada el uno del otro. Nada de nada. Si tienes cualquier tipo de contacto, marcarás el calendario con la pegatina roja; así podrás ser consciente, de una forma visual, de cómo va evolucionando tu desenganche.

Cortar lazos

Hay una serie de pasos indispensables que has de llevar a cabo para liberarte y sanar tu corazón cuanto antes:

- Bloquea a tu ex en Facebook. No basta con dejar de ser amigos, porque seguirías viéndolo de forma indirecta a través de amigos comunes. Y haz lo mismo con sus familiares y con sus amigos más cercanos.
- Repite el proceso en todas las redes sociales o aplicaciones de mensajería en las que puedas encontrarte a tu expareja. Y no olvides revisar tus opciones de privacidad para evitar la posibilidad de control por su parte.
- Crea un filtro en tu correo electrónico y envía directamente sus mensajes a la carpeta de correo no deseado o a una carpeta a la que te prometas no entrar nunca, o incluso utiliza la herramienta que permite el reenvío automático a otra cuenta de alguien de tu total confianza y que sea esa persona la que decida borrarlos o compartirlos contigo cuando estés bien recuperado en el futuro.
- No llames a tu ex. Por supuesto, este es el punto esencial. No caigas en la tentación de la llamada telefónica ni contestes si te llama. Tampoco escuches los mensajes del buzón, aunque sea duro borrarlos sin más.

- Evita pasar cerca de su casa o su trabajo, hasta que logres desengancharte del todo. Hasta ese momento es probable que desvíes la mirada al pasar con tal de ver su figura un instante. Evita esa tentación.
- Pide la colaboración de tus amigos más leales para que te ayuden a mantenerte firme en estas premisas y para que te aíslen de cualquier información y, sobre todo, no se te ocurra utilizar espías que puedan contarte lo que hace o si tiene una nueva persona en su vida. Esa información no te aportará más que dolor.

No será sencillo, y cuanto más intensa sea la adicción, más difícil te parecerá, pero esta férrea disciplina tiene un poder asombroso. Más del que imaginas. Por un lado, alejar el foco del dolor te ayudará a sanar emocionalmente y avanzar con paso firme hacia tu recuperación. Y por otro, puede convertirse en una eficaz estrategia de reconquista. Me refiero a que también es un método muy efectivo para recuperar a una expareja, aunque, por supuesto, esto no es recomendable en todas las situaciones. Si vuestra relación se asentó en una mecánica tóxica, como la codependencia o la dependencia emocional, debes dejar que tu ex se marche, sin albergar esperanzas de este tipo, porque no sería bueno para ninguno y te impediría abrirte a una nueva relación. En los casos en los que la unión con el otro se ha caracterizado por su toxicidad emocional, hemos de ser conscientes de que, al contrario de lo que dice el refrán, **la esperanza es lo primero que ha de perderse**.

Sin embargo, si la separación no ha estado ligada a trastornos emocionales graves, no hay ninguna razón por la que no puedas apostar por una segunda oportunidad. Es algo de lo que hablaré en profundidad en próximos capítulos, pero ya te adelanto que aplicar el contacto cero puede ser la opción perfecta para que tu expareja vuelva a interesarse por ti y que esta vez puedas afrontar la relación desde una nueva perspectiva y quizá lograr un final feliz. Eso sí, recuerda que amamos a los demás en la medida en que nos amamos a nosotros mismos. Y también puede darse el caso de que si tú fuiste quien decidió separarse, la distancia te haga reconsiderar el paso dado.

Los siguientes pasos que debes tomar te ayudarán a ser más consciente y a cumplir con firmeza las tareas imprescindibles para transitar la senda que te conduce al desapego.

VERBALIZAR LOS SENTIMIENTOS

Durante el proceso de ruptura, vas a sentir la necesidad de expresarte, de hablar acerca de lo que ha sucedido. Es conveniente dar este paso, porque en estos momentos es muy positivo comunicarse con los demás, expresar lo que se siente, rodearse de personas apreciadas y sentirse valorado. Sin embargo, mi recomendación es que seas consciente de cuándo y cómo lo haces. Lo mejor es repartir esa carga entre distintas personas, en diferentes momentos, porque si no, a la larga, corremos el riesgo de cansar a nuestros seres queridos, convertirnos en una persona con la que no es divertido estar y ponerlos a ellos en una situación delicada. Hay detalles que es mejor no desvelar a según qué personas, y menos todavía si se convierte en algo repetitivo, por lo que, en ciertas ocasiones, lo mejor es buscar el apoyo de quienes están preparados para ayudarte, para asesorarte, para darte las respuestas correctas y contribuir en tu crecimiento. Puede ser tu guía espiritual, alguien en quien confíes, un profesional de la psicología o un terapeuta, es decir, alguien que te ofrezca un entorno seguro en el que poder abrirte con sinceridad y que te dé opiniones y consejos que puedan proporcionar respuestas a tus incógnitas. Es normal que tras la experiencia vivida sientas rabia hacia tu expareja y que durante un tiempo tengas la necesidad de criticarla en toda conversación. Cada persona ha de vivir su proceso de curación, y esto entra dentro de lo habitual, pero ha de llegar un punto en que esa necesidad de criticar se empezará a desvanecer. El fuego de la ira se habrá apagado un poco y habrá llegado el momento de centrarte solamente en ti, en tu felicidad, en tus hábitos saludables, en tu sanación.

YO, MÍ, ME, CONMIGO

El primer paso de todos es reconciliarte con tu soledad, aprendiendo a amarla, aunque al principio sea muy duro porque ya te habías acostumbrado a compartir tu tiempo, el sofá, la cama, besos y caricias... La soledad te ayudará a sanar.

Con ello no me refiero a que te aísles. En la época de incertidumbre que sigue a una ruptura, debes rodearte de tus amigos y seres queridos, comunicarte, relacionarte, hacer cosas nuevas, pero también ser capaz de regresar a tu casa y no sentir miedo ni ansiedad al darte cuenta de que ya no vives junto a esa otra persona, de que lo que hacíais juntos quedó en el pasado. Es una nueva manera de ver el mundo, y de ver tu realidad, que irás aceptando poco a poco.

LLENAR UN VACÍO

Decía Oscar Wilde que la pasión nos hace pensar en círculos, y creo que esa es una bella y certera manera de referirse al apego patológico. Puede que haga tiempo que no tengamos contacto con quien nos rompió el corazón, pero quizá sigue instalado en nuestra mente y conectamos con los recuerdos que nos unen a esa persona cada vez que sentimos el vacío. Este enganche emocional nos puede dejar estancados, bloqueados por la nostalgia que nos impide avanzar y construir una nueva realidad. Cada pequeño detalle nos lleva a un recuerdo, y ese recuerdo basta para desencadenar una avalancha de imágenes y pensamientos. Nos preguntamos qué es lo que hicimos mal y qué podríamos hacer para que todo volviese a ser como antes. En esa situación, cualquier idea descabellada se nos antoja estupenda para lograr el objetivo: ¿un hechicero *babalawo* que nos promete, por una módica cantidad de tres cifras, un conjuro de amor para que regrese el ser amado?; ¿una vidente televisiva, previo pago, que nos asegura que aquella persona volverá a tocar a nuestra puerta?...

Lo más importante para seguir adelante es ser conscientes de que esta necesidad salvaje de volver atrás en el tiempo, de recuperar lo que no admitimos haber perdido, no nos está haciendo ningún bien. Y la esperanza de retornar a este amor ya caducado no hace sino alargar nuestra agonía y alejarnos más de la felicidad. Este dolor, que crece día a día, puede empujarnos a volver al ruedo prematuramente, cuando todavía no hemos completado el proceso de duelo. Y eso encierra un gran peligro. Abrirnos a una nueva relación en mitad del proceso de recuperación puede ser saludable siempre y cuando lo enfoquemos como algo fresco y espontáneo, sin compromiso y sin mayor trascendencia, porque nuestro corazón todavía no estará preparado para establecer una unión sana y duradera. La herida es demasiado reciente y una recaída será mucho más dolorosa. Mientras no haya cicatrizado no te aconsejo embarcarte en una relación seria.

No siempre un clavo saca otro clavo; a veces un clavo se suma a otro y el dolor se multiplica. El mundo de las emociones no se rige por las leyes de la física, sino que cuenta con mecanismos propios, que a veces son difíciles de explicar. Por mucho que nos esforcemos por sacar ese clavo, por mucha palanca que ideemos, no vamos a lograr nada hasta que tomemos conciencia. El único camino es asimilarlo sin reservas, hasta que ese clavo enquistado pueda ser diluido y absorbido por el propio organismo.

No puedes borrar los recuerdos (ni debes), porque esa expareja será siempre parte de tu historia y no puedes prender fuego a los circuitos cerebrales que te empujan a recuperar mentalmente sus imágenes una y otra vez. Y tampoco tendría sentido que un clavo nuevo arrancase de golpe el antiguo para tomar su lugar. Como dice Walter Riso: «El proceso más saludable es a la inversa: primero hay que sacar lo viejo y, entonces, si tienes suerte, hallarás una persona que valga la pena y que pueda entrar en tu vida tranquilamente, sin el estorbo del clavo anterior».

Solo en algunos casos puede sernos útil abrirnos a un nuevo amor para curar un corazón roto, pero si el apego por nuestra expareja sigue vigente, si no hemos logrado concienciarnos de que no queda nada por retener emocionalmente, el hecho de establecer un nuevo vínculo con una persona nueva no solucionará nada. Por desgracia, a veces no es fácil ser consciente de ello, y nuestra naturaleza nos empuja a emparejarnos de nuevo. Tres son las razones principales que nos llevan a querer encontrar una pareja desesperadamente:

Necesidad de ser amados: cuando se tiene la necesidad de ser amado, se da, pero con la secreta esperanza de recibir algo a cambio. Y al hacerlo desde la carencia, desde el convencimiento de que no tenemos suficiente amor en el interior, convertimos al propio amor en un juego condicionado al dar y tomar, un intercambio mercantil condenado al fracaso. Hay personas que no le encuentran sentido a su vida si no tienen una pareja a su lado que las *complete*. No han dejado de sentirse nunca una media naranja que necesita fundirse con su otra mitad, aunque esta sea medio pomelo o medio limón. Lo importante es no estar solos, porque es en esos momentos en los que la mente se queda en silencio cuando salen a flote realidades sobre nosotros mismos que no queremos conocer. Cuando nuestro deseo más urgente es el de recibir, amamos desde la necesidad. Sentimos un hueco en nuestro interior que solo puede ser colmado con el amor de la otra persona. Pero esta idea en realidad es una trampa. Ese vacío no se llena nunca por mucho amor que nos pueda llegar desde fuera, porque el hueco pertenece a cada uno y solo se puede llenar desde dentro, con autoestima, con el amor que sintamos por nosotros mismos.

Baja tolerancia al dolor afectivo: hay quienes son capaces de aguantar situaciones extremas en su vida profesional pero que ante el más mínimo problema afectivo sienten que su mundo se derrumba. Como hemos visto en capítulos anteriores, el universo afectivo está minado de recuerdos, traumas y cristalizaciones que ya desde nuestros primeros años nos van condicionando. Por eso es fundamental el trabajo interior. El recorrido de la sanación es de dentro hacia afuera y no a la inversa.

El revanchismo: tras una ruptura, cuando el apego por el ser amado sigue vivo pero él no demuestra sentir lo mismo, es posible que, desde el despecho, nuestros instintos más primarios nos lleven a buscar una nueva pareja. Es una reacción en la que se fusionan la estrategia —«los celos le harán volver»— y el afán de venganza. Es un pensamiento infantil, vacío y, en definitiva, nocivo para todos los implicados, además de estéril.

Una vez definidas las razones que nos pueden llevar a querer llenar el vacío que el compañero que se marchó ha dejado, hemos de empezar a trabajar en nuestro duelo. Requiere voluntad y persistencia, ya que no va a haber ningún truco milagroso que nos extirpe sus recuerdos y nos libre del proceso de asumirlos, como en *¡Olvídate de mí!*, aquella película ganadora de un Óscar, de Jim Carrey y Kate Winslet, que nos muestra una realidad paralela en la que existe un método para borrar recuerdos a la carta y los protagonistas lo emplean para eliminar de sus cerebros los rastros de su relación, con extrañas consecuencias, por supuesto.

EL DUELO

*La pérdida no es nada más que el cambio, y el
cambio es el deleite de la naturaleza.*

Marco Aurelio

Al dejar ir, al separarnos de la otra persona, comienza el proceso de duelo, una etapa necesaria, de la que no vamos a librarnos (ni sería bueno hacerlo) y en la que deberemos invertir un tiempo y aprender a vivir con la soledad. Parte del proceso de madurez se basa en asumir que todo es transitorio, nada dura para siempre. Sí, sé que eso es fácil de decir y de escribir, pero difícil de integrar en nuestras creencias. Lo más natural es que después de una ruptura, ambos miembros de la pareja se sientan conmocionados, confusos y desorientados, especialmente aquel que sigue enamorado y se resiste a la separación. El dolor puede ser tan intenso (e incluso más) que si la pérdida hubiese tenido lugar a causa de un fallecimiento. Una de las razones se debe a que, ante la defunción del compañero, los amigos y familiares ofrecen su ayuda, su apoyo emocional y su consuelo. Empatizan con quien acaba de enviudar. Sin embargo, si tiene lugar una separación, las reacciones son diversas. A menudo alguno de ellos tomará partido, buscará un culpable o se alejará para no verse salpicado por el conflicto; es posible que incluso perdamos alguna amistad que haya decidido quedarse *con la otra parte*.

No importa quién dé el paso hacia la separación, los dos implicados sufren, además de la ausencia del que consideraban su compañero de vida, la pérdida de los lazos sociales sobre los que se apoyaba su identidad como pareja. Se sumirán en un caos emocional.

Si tienes este libro entre las manos y has llegado a este punto, es por alguna razón. Si estás en medio de un torbellino de emociones tras una ruptura, siento decirte que no hay una fórmula mágica con la que puedas recuperarte al instante, y tampoco una pastilla que te alivie todo el dolor emocional que la pérdida conlleva (aunque ya hay más de un laboratorio experimentando en su busca). Sin embargo, la comprensión acerca de lo que te está ocurriendo, del punto del camino en el que te encuentras y de lo que todavía queda por recorrer hará que las emociones no corran desbocadas. La herida sanará y cicatrizará más rápido si sabes lo que hay detrás de tu miedo, de tu ansiedad e incluso del malestar físico que tu ruptura ha provocado. Puede que incluso te halles en una montaña rusa de emociones, con importantes altibajos en los que pasarás de una incomprensible sensación de paz y aceptación a una tristeza extrema. Estas radicales emociones, a menudo abrumadoras y contradictorias, se deben a la amarga oposición entre el apego y el odio, pero también indican que estás avanzando de forma natural en el doloroso proceso de la ruptura.

Hay muchas personas que tras atravesar las etapas del duelo afirman sentirse fortalecidas y estimuladas de nuevo por lo que la vida tiene que ofrecerles, aliviadas por fin de las infinitas peleas con su pareja y satisfechas por haber superado una nueva prueba del destino. Sentirán que son capaces de cuidarse a sí mismas y tomar sus propias decisiones.

LAS FASES DEL DUELO

Son las mismas que la doctora Elisabeth Kübler-Ross estableció para el duelo por fallecimiento. Este proceso marca la evolución por la que pasa una persona ante la pérdida de su compañero vital, sin distinguir entre una u otra razón. En ambos casos nuestro subconsciente registra el mismo hecho: alguien muy importante ha desaparecido de nuestras vidas. Así que, si eres el miembro de la pareja que se siente abandonado, lo más saludable que puedes hacer es entender que las fases emocionales por las que vas a pasar son naturales y necesitas atravesarlas para resurgir de tus cenizas.

Fase 1: NEGACIÓN

Se trata de un mecanismo de defensa: somos incapaces de asumir lo que ha ocurrido, así que lo negamos. Esta fase puede durar desde unas horas hasta varias semanas. Al ignorar la realidad uno se repite frases como «esto no me está pasando» o «no puede ser cierto», incapaz de creer que todo ha acabado ya. La negación de la situación dolorosa en la que uno está inmerso tiene la finalidad de amortiguar el fuerte impacto y permite protegerse y replegarse hasta estar preparado para poder activar defensas psicológicas. Con estos mecanismos de autoengaño, el individuo puede sobrevivir emocionalmente durante un tiempo y enfrentarse a los quehaceres diarios protegido todavía por una coraza de inconsciencia.

En el fondo ve todo lo que ocurre como algo irreal, como si fuera un espectador en una sala de cine con un cubo de palomitas en las manos, que observa las desgracias que afectan a los personajes, sin ser del todo consciente de que se trata de su propia vida, esforzándose por no identificarse con lo que ve.

Fase 2: IRA

Esta segunda etapa llega cuando ya no te es posible seguir negando la realidad y se abre paso el dolor. Y con el dolor también llegará la rabia. Te invadirá la congoja, el llanto, la ansiedad, la cólera, y no podrás apartar de tu cabeza a la persona ausente, incapaz de aceptar que ha llegado el final. Tu mente se enfocará en racionalizar los hechos en busca de culpables y *porqués*, y durante un periodo de tiempo la ira teñirá todo lo que hagas y a menudo la energía explotará en todas direcciones. No será una situación sencilla para quienes te rodeen.

Esta fase puede durar entre dos y tres meses y, desgraciadamente, no existe ningún pase vip que nos permita saltárnosla y hacer este proceso más llevadero. Es necesario asumir el dolor y experimentarlo conscientemente. Toca vivir la pérdida, las cosas han cambiado y quien creíamos que siempre estaría a nuestro lado se ha marchado.

Fase 3: NEGOCIACIÓN

Tras dos etapas llenas de dolor, llegamos a una en la que, aunque este no decrece, es canalizado a través de una nueva conducta defensiva enfocada en tratar de revertir la situación. Esta fase puede darse también antes de la pérdida, cuando la relación está muy deteriorada y la separación comienza a contemplarse. Es una suerte de espejismo de esperanza, relacionado con la culpa y la negación, que entronca con el pensamiento mágico más primitivo. El individuo «negocia» con su expareja, con la vida misma o incluso con «dios» y se compromete a enmendar los errores que cree que llevaron a la ruptura («Si no hubiera dicho...», «Si hubiera sido más...», «Si hubiéramos sido menos...», «Ojalá pudiera...», «Prometo que si...»), con la esperanza de arreglar la situación y recuperar a esa persona.

Fase 4: DEPRESIÓN

Esta etapa comienza cuando empezamos a ser capaces de ver la realidad. Nos hemos acostumbrado al vacío, a la ausencia, al cambio de dirección, pero nos sentimos profundamente tristes. Aparecen entonces todos los síntomas asociados a la depresión: trastornos del sueño, pérdida de peso, caída de las defensas... Sin embargo, si sigue un curso normal, es parte del proceso, una fase más, no un estado permanente. En realidad se trata de una etapa preparatoria que acerca al doliente a la aceptación y que se ha de atravesar sin censurar el dolor. Por eso, la mejor opción es dar rienda suelta a esa tristeza, porque cuanto más intensamente se viva la emoción, antes se agotará y dará paso al florecimiento de la recuperación. Pero eso no significa que no se necesite apoyo:

una mano en el hombro o una mirada pueden ser suficientes para sentir que tienes a tus seres queridos cerca, esperando, pacientes, a que superes el duelo.

Cuando esta etapa se enquista y, por las razones que sean, el individuo queda atrapado en ella, la depresión —cuyos síntomas se agravan— puede derivar en un *duelo crónico* o en un *trastorno de adaptación*, y en ese caso requerirá ayuda profesional cuanto antes.

Fase 5: ACEPTACIÓN

Llegamos a ella cuando hemos asumido que esa persona no va a volver. Es entonces cuando aceptamos la pérdida y hacemos las paces con la ausencia. Se trata de aprender a vivir con un nuevo enfoque y crecer a partir de la introspección y la identificación de nuestros sentimientos. Comenzamos a enfocar nuestra energía en nuestro círculo y en nosotros mismos. En esta etapa toca reorganizar nuestros planes, aquellos que pensábamos cumplir con nuestra expareja, pero que ahora han cambiado de forma manifiesta. Tras el dolor experimentado en los últimos meses hemos aprendido a aceptar las cosas que no se pueden cambiar, hemos perdonado y nos hemos perdonado a nosotros mismos. Es el final del periodo de luto, pero no es todavía una etapa feliz; de hecho, al principio en realidad se trata más bien de un estado de *anestesia* emocional. Sin embargo, es el momento de empezar a sentir cierta paz y mirar la vida con esperanza.

ESPERANZA

Es la que podríamos considerar como una sexta fase, en la que las heridas están casi completamente cicatrizadas y por fin hemos asumido que aquella relación quedó en el pasado. En esta etapa, aunque agradecemos lo que nos aportó lo vivido, todavía queda mucho por hacer, y hay un ejército de personas ahí fuera con las que volver a experimentar la relación de pareja y aplicar positivamente todo lo aprendido en este proceso. Nuestras ganas de vivir han regresado y nuestro cerebro ha aprendido a centrarse en las áreas constructivas, que hacen planes y que miran al futuro, en lugar de dejarse ahogar por los recuerdos dolorosos y por la frustración de la pérdida.

La esperanza sostiene, la esperanza fortalece. Llegados a este punto tenemos la completa seguridad de que estamos mejor que al principio y de que pronto esa mejoría será mucho más intensa. El dolor ha servido para algo, porque ahora hemos aprendido de la vida y de nosotros mismos a lo largo del arduo camino. Hemos asumido que el mundo está cambiando constantemente, que no hay nada eterno, pero que podemos trabajar en nosotros mismos y encontrar nuestra auténtica identidad y nuestro propósito vital.

EL OTRO DUELO

El dolor ante una ruptura será también profundo e intenso para la persona que ha tomado la iniciativa en la separación. Si has dado el paso y la separación con tu pareja ya es un hecho, estás a punto de enfrentarte también —aunque desde una posición menos vulnerable— a las fases del duelo que van ligadas a toda ruptura, debido al trastorno adaptativo ante un cambio de escenario tan radical.

Vivirás momentos de dudas, en los que desconfiarás de estar tomando la decisión adecuada, te sentirás culpable, mientras la sensación de fracaso y el miedo invadirán tu mente. La oscuridad y la nada han entrado en juego, y lo que hasta hace poco te parecía una sabia decisión ahora se ha transformado en vértigo. Es normal que pasen mil cosas por tu cabeza y por tu realidad, incluso es normal que experimentes un malestar inmenso ante el cambio que tú mismo has propiciado. Puede que tu mente empiece a buscar maneras creativas de volver a la situación anterior, de recuperar tu vida tal y como la conocías, queriendo perpetuar algo que, quizá, nunca existió realmente, algo que, bien analizado es contradictorio porque si las cosas volviesen a como eran antes, irremediablemente regresarán otra vez al punto en el que estás ahora.

ASUMIR QUE ES UN PROCESO NATURAL

Una ruptura no es un fracaso. No es una mancha en el currículum ni algo de lo que avergonzarse. El hecho de que una pareja se rompa forma parte del proceso natural de la vida, y no se trata de ningún proyecto *fallido*. Lo que se nos hace difícil de digerir como seres humanos es el trastorno adaptativo que la ruptura ha traído a nuestras vidas. Me refiero a que antes de la separación tu vida era de una manera determinada, con unos horarios, unas costumbres, unas rutinas concretas, un espacio en el que sentirte seguro... Tu cerebro se había habituado a lo que tenías junto a tu pareja: a lo que solíais hacer, a los restaurantes a los que acudíais, a los supermercados en los que comprabais, a las actividades que realizabais con vuestros amigos o con vuestros hijos. Cuando, de la noche a la mañana, esa realidad cambia, te sientes perdido, fuera de lugar, sin saber qué ha sucedido con la realidad que tan bien conocías y sin entender qué debes hacer para enfrentarte ahora a la nueva situación. Este cambio puede darse por cualquier hecho que altere el statu quo, ya sea debido a decisiones propias o impuestas desde fuera, y, por supuesto, no siempre lo sentiremos con la misma intensidad, que será distinta en función del grado de desadaptación al que nos hayamos de enfrentar (un cambio de ciudad, perder el empleo, marcharse de vacaciones, ingresar en otro colegio, que fallezca alguien muy cercano...).

Esta tendencia recibe el nombre de *homeostasis*, y consiste en que nuestro organismo tiende a restablecer el equilibrio interno cada vez que este se altera. Un proceso natural, pero que puede convertirse en una importante fuente de angustia y malestar, especialmente si has tenido hijos con la pareja de la que te estás separando, porque en este caso no solo te alejas de lo que considerabas que era tu seguridad y tu estabilidad, sino que, además, se ha hecho añicos lo que antes era una familia, una idea que es más difícil de asumir y de procesar. De modo que el organismo querrá regresar a su estado de equilibrio y para llegar a él atravesaremos las inevitables fases del duelo, aunque estas tendrán una duración distinta en función de la persona y la situación. Para unos será cuestión de dos o tres meses; para otros, el duelo amoroso puede prolongarse hasta los dos años.

VOLVER A LA JAULA

Seguro que has sido testigo en algún documental de uno de esos emocionantes momentos en que un grupo de biólogos devuelve a su hábitat natural a un animal salvaje nacido en cautividad. La primera reacción de este es asomarse con cautela y si sale un instante, inmediatamente vuelve a la jaula. No importa que sus ancestros hayan vivido en esa misma región con facilidad, él siente miedo por lo desconocido y regresa a la seguridad de la caja, a la mano de su cuidador, porque, aunque lo que le espera fuera es mucho mejor, él no lo sabe todavía, y se aferra al estilo de vida que lo ha mantenido a salvo hasta el momento, aunque sea encadenado y tras unos barrotes.

Esto es lo mismo que nos sucede a los seres humanos cuando hemos de enfrentarnos a un cambio importante. Nuestro mundo fluía de una forma equilibrada, que, aunque quizá no fuese especialmente saludable, conformaba nuestra realidad. La ruptura se experimenta como un cortocircuito en esa fluencia y eso desemboca en un trastorno adaptativo que provocará distintos episodios de estrés.[*] Este malestar se traducirá en diversas perturbaciones —insomnio, angustia, taquicardias, bajada de defensas, dolores físicos...— que multiplicarán la ansiedad asociada a esta etapa. Esta es una situación difícil de asumir que en muchas ocasiones provoca que, a pesar de que una persona haya dado el paso para salir de una relación, decida deshacer lo andado y regresar a la jaula, a lo conocido, al punto de equilibrio, aunque su mente racional le esté diciendo a gritos que salga de ahí, que no le conviene seguir en ese patrón dañino. Y todo por culpa del miedo. Es miedo lo que subyace tras todas las inseguridades y tras toda la ansiedad, porque los seres humanos solo nos movemos a partir de dos emociones base, sobre las cuales se

---

[*] En mi libro *El pescador de mentes* hice un repaso sobre los distintos tipos de estrés que existen, como el eustrés, estrés positivo que nos ayuda a superarnos, o el distrés, estrés negativo que produce malestar.

asientan todas las demás: *miedo* y *amor*. ¿Qué prefieres que dirija tu vida? ¿El *amor*? ¿O el *miedo*?

PENSAR ANTES DE HACER

Es innegable que en el proceso de ruptura cualquier persona se sentirá inestable emocionalmente y es fácil pensar que cualquier decisión importante que tomes estará teñida de una profunda subjetividad y de unas intenciones conducidas por los deseos del subconsciente. Y puesto que te sientes traicionado, quizá tomarás decisiones que afectarán a tu vida, unas decisiones que, en realidad, tu *yo* consciente y sincero no habría tomado. Entre otras cosas, porque no vemos el mundo tal y como es, sino que lo vemos tal como somos, por lo que es inevitable que interpretemos lo que nos rodea en función de nuestro estado de ánimo.

Por eso es importante que en este proceso hagas los menos cambios posibles. Por mucho que te lo pida esa vocecita interior, no dejes tu negocio, ni cambies tu trabajo, ni abandones tus estudios. No destruyas de un plumazo lo que tanto te ha costado conseguir y pospón las decisiones importantes hasta que seas dueño de tus actos, cuando la sangre circule con fuerza en la parte prefrontal de tu cerebro, no en la relacionada con la supervivencia y los impulsos. De lo contrario, si cuando asumas por fin la pérdida, resulta que te encuentras en otra ciudad, o trabajando en un lugar distinto, no te será nada fácil de digerir. No destruyas tu mundo.

Además, tampoco recomiendo firmar el divorcio de forma apresurada tras la ruptura. Tómate un tiempo para vivir el duelo, para aprender de este proceso. Quizá estando alejados el uno del otro durante un periodo determinado podáis ver las cosas desde otro punto de vista. Es posible que quien quiso poner punto y final a la relación se dé cuenta de algo y eso le haga recapacitar y tratar de recuperar una versión mejorada del equipo que ambos habíais construido durante todo el tiempo que duró vuestra relación. Sin embargo, tampoco es sano enfocar todas nuestras esperanzas en esta remota posibilidad, ya que es algo que puede ocurrir, pero en un porcentaje pequeño. Si transcurre un tiempo prudencial sin que ocurra nada que haga pensar que la reconciliación está cerca, lo mejor es eliminar esa posibilidad de nuestros pensamientos.

CRECER DESDE EL DOLOR

La felicidad, en nuestro mundo y en nuestra especie, reside, en gran parte, en la capacidad de aceptación. Hay cosas que puedes (y debes) cambiar en tu vida, pero hay otras que no dependen de tu voluntad (algunas, ni siquiera de la voluntad de otros), y esas nos pueden hacer profundamente infelices si no aprendemos a aceptarlas tal como son, tal como vienen.

Aunque, en estos momentos, te sientes vencido, agotado, aplastado emocionalmente, has de sacar fuerzas de flaqueza para tratar de canalizar la dolorosa situación. Enfréntate a la soledad, descubre a tu propio ser y date permiso para estar triste. Puedes permitirte sentir ese dolor durante una semana, dos semanas o un mes entero. Puedes observarlo, afrontarlo, estudiarlo. Tienes derecho a estar triste, y debes vivirlo con total profundidad. Procésalo. Quizá te sorprenda y a los pocos días sientas que una gran parte de la presión que no te dejaba respirar ha desaparecido. También es probable que te des cuenta de que no lloras por la ausencia del otro, sino por las heridas que acarreas desde la infancia, por la imagen que te habías construido respecto a lo que significa una pareja ideal. De esta forma irás explorando tu interior, descubriendo matices en tus emociones que quizá llevaban reprimidas toda la vida.

LA HORA DE LAS LÁGRIMAS

Si no te fuera posible aparcar tus obligaciones profesionales durante todo el tiempo que necesitas para sanar, haz un pacto contigo mismo: dedicarás una hora al día, una sola hora, sesenta minutos, a profundizar en esa tristeza que llevas a cuestas, a descargar las lágrimas provocadas por la pena, por el dolor, por la ausencia. Una sola hora en la que llorar en soledad, incluso enfadarte, maldecir al mundo y a la persona que se marchó. Una hora para pensar solamente en tu dolor, dándole ese espacio en tu vida que tu duelo exige. Incluso puedes ir a lugares especiales, donde solíais ir juntos, rincones cargados de emotividad, espacios que te traen recuerdos, que hacen aflorar ese dolor. Enfréntate a él, vívelo. Por supuesto, cuando te hago estas recomendaciones, me refiero a un momento puntual de tu proceso, en el que necesites dar rienda suelta al dolor, la rabia, pero siempre como limpieza catártica y sin pasar por alto la premisa —imprescindible— del contacto cero. O puedes ir a terapia y desfogarte delante de un profesional o acudir a la figura religiosa en la que confíes. Todo vale para sacar a flote lo que tienes acumulado en el corazón. También puede resultarte útil empezar un diario y escribir allí todo lo que pasa por tu cabeza, todos los recuerdos que hagan brotar las lágrimas.

Puedes darte un año entero para realizar este proceso, dedicando una sola hora, día tras día, para dar rienda suelta a las emociones, como si fuera un ritual diario e ineludible. Piensa que el peor momento emocional es el mejor para sanar. Sin embargo, el resto del día, tienes que ser una persona activa y funcional, que no se deja llevar por el dolor de la ruptura. Necesitas estar en marcha, rendir en tu trabajo, relacionarte con otra gente, esforzarte por ver el lado bueno de las cosas. Es importante respetar esta diferenciación entre el momento en el que te permites sentir dolor y el resto del día, porque si alargas la situación de forma indefinida, te expones a caer en una depresión crónica.

SANACIÓN

Y así, poco a poco, tu corazón irá encontrando la paz. Un día, ya no sentirás que te mueres al entrar en el restaurante en el que celebrabais vuestro aniversario y los recuerdos de tu relación empezarán a quedar atrás. Nunca olvidados, porque forman parte de ti, de quien eres, pero sí guardados en tu interior, con cariño, con nostalgia, pero sin sentir ese dolor que te ha torturado durante tanto tiempo. Y llegará el día en que ya no necesitarás dedicar una hora a la tristeza, porque verás las cosas desde una óptica distinta. Sentirás que has aprendido del proceso de duelo y, por supuesto, de la relación pasada. Contarás con herramientas emocionales nuevas que te ayudarán a alcanzar la plenitud en tu siguiente relación. Si has necesitado un año entero para recuperarte, es perfecto, celébralo, y si las heridas de tu corazón empezaron a sanar antes de llegar a ese plazo, ¡bien por ti! Lo importante es que has afrontado la adversidad que el destino te puso por delante y la has convertido en una fortaleza.

QUÉ NO HACER TRAS UNA RUPTURA

Si amas a alguien, déjalo libre; si regresa,
siempre será tuyo. Si no, nunca lo fue.

Jalil Gibran

Cuando una relación amorosa llega a su punto final (un proceso natural, que forma parte de la relación misma), es de esperar que nos sintamos desorientados, tristes, llenos de ansiedad y superados por la incertidumbre. Esa desesperación nos puede llevar a actuar y pensar de un modo que acabará haciéndonos más daño, tal y como he indicado en el capítulo anterior, pero cuando el efecto del tsunami se relaja y la capacidad de razonamiento regresa a tu mente, es importante saber tomar las decisiones correctas para que el sufrimiento sea el mínimo posible y el proceso se complete cuanto antes.

Si te dijera que la lectura de este libro te ahorrará todo el dolor derivado de una ruptura sentimental, te estaría mintiendo. El dolor es nuestro maestro, forma parte del crecimiento, así como las crisis forman parte de la propia vida. Negarlo, o tratar de evitarlo, es un camino más que a la larga lleva a la infelicidad, porque habrás desperdiciado valiosas oportunidades de crecer y de fortalecerte. Habrás mirado para otro lado, creando una realidad paralela en un universo de fantasía en lugar de poner los pies en la tierra y experimentar todo lo que este mundo tiene para nosotros, aunque a veces (sí, es algo inevitable) esa realidad sea dolorosa.

Una ruptura no es un fracaso. Una ruptura es un regalo para tu crecimiento personal, aunque suene extraño. Es un presente para ti, a pesar del dolor que conlleva. Atravesar ese proceso te puede dar muchas cosas que difícilmente aprenderías o adquirirías de otra forma. Transformará tus valores, tus creencias, tu humanidad, tu confianza en tu capacidad y en el futuro..., aunque se trata de algo difícil de valorar desde el momento presente y requiere un tiempo considerable poder mirar hacia atrás y darse cuenta de que tu evolución personal fue originada por aquella dolorosa ruptura que te fragmentó el corazón en mil pedazos. En realidad, todas las experiencias que vivimos tienen el valor que nosotros les damos según nuestro punto de vista y nuestro estado de ánimo. No tienen significado por sí mismas; depende de ti saber ver lo ocurrido con ojos sabios. Esa ruptura se puede convertir en un punto de inflexión, en un salto cualitativo, que te lleve hacia un nuevo horizonte que quizá ni sospechabas.

No tiene sentido torturarte con el «¿por qué a mí?», «¿por qué yo?» o «¿por qué ahora?», si bien es cierto que la primera reacción ante la llegada de algo así a nuestras vidas nos hará plantearnos absolutamente todo y enfurecernos contra el mundo. Sin embargo, si cuando nos enamoramos, si cuando encontramos a una persona que nos parece maravillosa, sentimos el flechazo y todo fluye, no nos paramos a hacerle estas preguntas al destino..., ¿por qué lo hacemos cuando la relación llega a su fin, si todo obedece a las mismas reglas del azar o de la naturaleza? Obedecemos a un instinto primigenio que lo único que desea es sobrevivir (como especie) y que, por supuesto, no es el piloto ideal que debería estar al volante de nuestras emociones, y menos en pleno siglo XXI, donde cada vez se hace más patente la necesidad de que prime la inteligencia social y emocional por encima de lo que nos ordenen el instinto y su inconsciencia.

Toda relación conlleva en sí misma una ruptura, incluso cuando se trate de una pareja que dure toda la vida. Pocos son los casos en los que ambos cónyuges fallezcan al mismo tiempo. Lo normal es que lo haga primero uno y luego el otro. Un hecho natural, que forma parte de la vida. Su proceso de duelo no será el mismo que el que hemos visto respecto al duelo amoroso, pero, de hecho, es el proceso de pérdida original.

¿Qué es lo que no debemos hacer tras una separación? Ya hemos abordado tangencialmente en capítulos anteriores lo que hemos de evitar, pero este es el momento de repasarlo, de tomar el lápiz y subrayar lo que te llame la atención, con la sincera convicción de seguir los consejos que te propongo para que tu paso por este doloroso proceso sea lo más breve posible. Es como quitar una tirita. Hay que hacerlo sí o sí, pero es mejor de un tirón, condensando el proceso en una fracción de segundo, que hacerlo milímetro a milímetro, sintiendo penosamente cómo tira lentamente de cada poro y vello de tu piel.

1. No disimules tu dolor

Actúa con naturalidad. En el capítulo anterior te propuse **la hora las lágrimas**, para no dejarte absorber por el vacío de la pérdida y afrontar la jornada con energía sabiendo que cuentas con una hora entera para dar rienda suelta a tu dolor. Sin embargo, eso no significa que el resto del día hayas de fingir. En absoluto. Quiero que seas capaz de comunicarte, de expresar lo que sientes y de actuar con coherencia. Nunca fingiendo lo que no sientes, y menos mintiéndote a ti mismo en un vano intento de eliminar el dolor que de verdad está fluyendo en tu corazón.

2. No lo llames ni lo busques

Este es el punto en el que más fácil es caer después de una ruptura y que deberías tener escrito en una cartulina gigante en la pared para que nunca se te olvide. Páginas atrás le dediqué el apartado «Contacto cero» porque es algo realmente importante. No debes dejarte llevar por la tentación de comunicarte con la persona de la que te acabas de separar ni de curiosear sus redes sociales o tratar de pasar por una zona que frecuenta con la intención de que os crucéis. No mires sus fotos en Facebook ni estés pendiente a sus comentarios en Twitter, con la esperanza de saber qué hace, con quién está, qué está viendo por la tele... No acrecientes tu dolor mirando lo que publica en Instagram ni estando pendiente de su última conexión de WhatsApp. Si comienzas, será como pasar la lengua por esa heridita en las encías. Duele, pero al mismo tiempo sentimos un irrefrenable deseo de volver a sentirlo. No busques a tu ex, y menos todavía lo llames, para decirle que la relación se merece otra oportunidad, que sea lo que sea lo que haya ocurrido, eso va a cambiar... No. No lo hagas. Si vuestra relación puede renacer en una segunda versión, ampliada y mejorada, estarás aniquilando las oportunidades de que eso suceda si sigues por el camino del agobio y de la desesperación. Si la ruptura al final resulta ser definitiva, la ausencia de contacto habrá ayudado a que tus heridas (y las de la otra persona) hayan empezado a cicatrizar. Estarás más cerca de la curación, viviendo el proceso de duelo amoroso de la forma que mejor te va impactar emocionalmente. Si, por el contrario, vuestra ruptura solo ha sido un punto y aparte en la relación, si necesitabais daros un tiempo para ver las cosas desde otro punto de vista, con esta ausencia de contacto habrás logrado precisamente eso: echaros de menos. Si la otra persona albergaba sentimientos contradictorios y todavía siente mucho amor a pesar de haber pasado por esta crisis, su percepción hacia ti será más positiva, más fuerte y te valorará más, porque habrá vivido durante un tiempo lo que sería estar separados definitivamente, y es posible que en esta nueva fase de vuestra relación podáis analizar lo que ha ido fallando y mejorar la convivencia para conseguir una experiencia increíblemente positiva.

Eso sí, recuerda que estas situaciones en las que la relación se reanuda se dan en pocas ocasiones. Has de estar preparado para la separación y ser consciente de que las probabilidades de que podáis vivir esa segunda oportunidad son pequeñas, siempre en función de lo que os haya llevado a separaros.

3. No te enfoques en tu ex

No des rienda suelta a tu faceta detectivesca, aunque te lo pida tu instinto. Es duro, pero has de mantenerte en la posición firme de no utilizar cualquier excusa para obtener información. Está claro que si tenéis hijos en común o asuntos que tratar, será inevitable cierto contacto, pero no hagas que tu estado de ánimo, que tu felicidad, que tus ganas de vivir estén condicionados por lo que hace o deja de hacer tu expareja.

Estoy hablando de la correlación negativa, el fenómeno que hace que te sientas mal cuando te enteras de que tu ex ha pasado página, porque ha conocido a alguien con quien es feliz, ha ascendido en su trabajo o se ha ido a hacer un hermoso viaje con sus mejores amigos. Tienes el foco puesto en el otro, de modo que no te permites ser feliz ni sentirte bien porque el protagonismo en tu vida lo tiene él, y si las cosas le van bien, tú te hundes.

Por otro lado, si su nueva pareja lo abandona tras una dura pelea, si lo despiden de la empresa para la que trabaja o si en aquel exótico viaje le clonan la Visa y le vacían la cuenta bancaria, bajo los mismos parámetros de la correlación negativa, tu estado de ánimo subirá. Cuanto peor le vayan las cosas al otro, mayor confianza tendrás en tus posibilidades y más se reforzará tu (aparente) autoestima.

Pero este es un *juego de tontos*, en el que uno ha de perder para que el otro gane, en el que, desgraciadamente, están atrapadas muchas más personas de las que imaginas, porque es relativamente fácil caer en esta dinámica y convertirla en tu zona de confort. Al fin y al cabo, ya conoces el dicho: mejor malo conocido que bueno por conocer, ¿no? Pues no, olvídalo, porque no todos los dichos y refranes populares son sabios; de hecho, muchos se contradicen.

La correlación negativa no es más que una forma tóxica de relacionarse con la expareja (y con uno mismo) que llevo muchos años viendo en mi consulta. Las personas se quedan atrapadas en el pasado y no avanzan, no crecen. Puede que parezca que mejoran durante un tiempo, pero siempre sin perder de vista lo mal o lo bien que le va al otro, y eso no es un comportamiento ni inteligente ni asertivo, porque incluso toman decisiones en su vida, a veces absurdas, para poder quedar por encima del otro, como si fuera una competición a ver quién es más feliz. Esto puede llegar a hacerse muy complicado y doloroso cuando hay hijos por medio. Si estás cayendo en esa forma de actuar, detente, aún estás a tiempo (siempre estamos a tiempo de cambiar y evolucionar, independientemente del punto en que nos encontremos). Tu felicidad no ha de depender del otro, ni de nadie, porque en realidad la felicidad está en tu interior. Sí, es una frase manida, que habrás visto en cientos de camisetas, pegatinas y blocs de notas, pero es la verdad. Todo dependerá del cristal con el que mires el mundo.

4. No sigáis siendo amigos

Puede que no tengas el impulso de acosar a tu ex en Facebook pero que sientas la necesidad de seguir cerca de esa persona, aunque estés rehaciendo tu vida. Y para eso, ¿qué mejor que seguir siendo amigos? Rotundamente no.

Es posible que fuerais muy amigos antes de ser pareja, e incluso siéndola, pero tras una ruptura, las cosas cambian. La relación que os unía ha desaparecido y no se puede pretender que de repente podáis actuar como amigos, con total naturalidad, porque aún hay un proceso que atravesar y unas heridas que sanar. Y ni se te ocurra planear una cita doble, no estás en una comedia hollywoodiense. Por mucho que trates de engañarte, será doloroso ver a la persona con la que supuestamente ibas a compartir el resto de tu vida flirteando con otra. Es poco realista pensar que puedes dejar de lado tus emociones y sentimientos para convertirte en alguien moderno. Con esto no digo que nunca vayáis a ser amigos, pero es necesario que antes transcurra un tiempo prudencial. Podrás trabajar en ello, pero después de haber trabajado en tu propia recuperación y haber aprendido todo lo que el proceso de separación tenía preparado para ti. De hecho, fantasear con establecer amistad con tu ex es una estrategia del inconsciente que se basa en la creencia de que, con el tiempo, volverá a enamorarse de ti.

5. No hables mal del otro

En ocasiones puede ser difícil, especialmente si una infidelidad o algún otro tipo de traición ha sido el detonante de la ruptura. Es normal que tengas que hablar de temas delicados a la hora de expresar lo que sientes y por qué, pero siempre centrándote en tu propio ser, que es el que te ha de importar, no aprovechando la ocasión para deshacerte en un mar de críticas y de malas palabras hacia la otra persona. Mientras lo hagas, no estarás pasando página, no habrás asumido el proceso y no podrás seguir hasta la siguiente fase. Tal y como ya te he indicado varias veces a lo largo de este libro, el foco ha de estar centrado en ti, en tus pensamientos y en tus deseos. Deja que forme parte del pasado, como un recuerdo del cual extraer lo bueno y aprender de lo malo, pero no permitas que invada tu presente.

6. No practiques sexo con tu ex

Tanto si tienes opciones de restablecer la relación como si vuestros caminos ya se han separado definitivamente, mantener relaciones sexuales con tu expareja es una pésima idea, sobre todo al principio, cuando las heridas están abiertas. Tener relaciones esporádicas con un ex es algo más habitual de lo que debería. Si vuestro destino es estar juntos de nuevo, deja pasar ese tiempo mágico, ese *contacto cero* que sane lo que se dañó, que os haga reencontraros con una nueva perspectiva, con renovadas energías. Y si en el fondo sabes que no tenéis futuro, no multipliques el dolor dejándote llevar por esta tentación cargada de miedos y culpabilidades. Debes aceptar que se marcha de tu vida (y tú de la suya) para que podáis avanzar, atravesar el proceso de duelo amoroso, como toca, y pasar a la siguiente fase.

Estas son las seis normas que deberías seguir tras una ruptura. Hay muchas cosas que puedes (y debes) hacer para lograr la recuperación, pero a veces es más fácil marcar los pasos que NO debes dar, siendo consciente de en qué modo afectarán a tu sano desarrollo y a tu felicidad, para que el proceso de duelo, que inevitablemente has de atravesar tras una ruptura, se desarrolle de la forma más fluida posible. Precisamente, en eso consiste la verdadera felicidad para la sabiduría zen: en aprender a fluir, como el agua de un río, disfrutando del proceso, viviéndolo con presencia en el momento y no tratando de avanzar a contracorriente.

CONSTRUYENDO UNA RELACIÓN SANA

Los hábitos contraídos no se corrigen
sino con hábitos opuestos.

Epícteto

A pesar de los siglos de evolución cultural, nuestra naturaleza más primigenia marca la mayoría de nuestras pautas y reacciones. Como expliqué en los primeros capítulos, la biología nos ha condicionado para que nuestros instintos obedezcan a la monogamia sucesiva. ¿Recuerdas? Estamos programados para unir nuestra vida a otra persona durante un tiempo, por el bien de la crianza de la prole, pero al mismo tiempo hay algo que nos empuja a expandir nuestros genes de la forma más intensa posible, un comportamiento que pervive, latente, tras decenas de miles de años. Por esta razón, una ruptura sentimental no es el fin del mundo. Estamos diseñados para tener varias parejas a lo largo de la vida, disfrutando en cada momento de lo que es adecuado para nosotros.

Estas relaciones podemos clasificarlas en tres grandes grupos: las sanas, las neutras y las tóxicas.

Recuerda que las **relaciones sanas** no caen del cielo, ni nos tocan en la lotería, sino que se han de construir, regar a diario y cuidar con mimo y tesón. Las que expongo a continuación pueden interpretarse como tipos de relación, pero en realidad sería más ajustado decir que son las características de una relación equilibrada y enriquecedora ya que son los pilares sobre los que se construye una experiencia sana, armoniosa y feliz:

- **Relación de sanación**: es aquella que sirve de plataforma de curación emocional para ambos. Es una relación en la que aprenden uno del otro, fortaleciéndose tras otras relaciones del pasado de las que pudieron salir perjudicados.
- **Relación de aceptación**: entre ambos existe una gran complicidad, una alianza basada en el amor, pero también en la amistad y en el apoyo mutuos, para crecer y fortalecerse juntos. Eso no significa que se acepte sumisamente todo lo que el otro haga, sino que las dos partes se aceptan, tal cual son, como personas.
- **Relación de individuación**: se trata de un concepto acuñado por Carl Jung, que se basa en que todas las personas tenemos la necesidad de aceptar nuestra propia individualidad. En pareja se tienen objetivos y planes en común, pero con un profundo respeto sobre lo que cada cual es, apoyándose el uno al otro, para que ambos puedan encontrar su propia manera de realizarse como personas.

Como cualquier construcción de calidad, las relaciones han de asentarse sobre sólidos cimientos y levantarse con los mejores materiales. Ahora que sabes reconocer una relación sana, no querrás aspirar a menos. Toma nota, pues, y si ya tienes el terreno adecuado, comienza a edificar.

Las **relaciones neutras** podemos establecerlas en distintos momentos de nuestra vida, para cubrir necesidades diferentes. Se trata de relaciones pasajeras, con las que se puede ser feliz, más allá de las imposiciones culturales. También las hay de diferentes tipos:

- **De experimentación**: son relaciones informales de juventud que forman parte fundamental del proceso de maduración del ser humano, relaciones de aprendizaje y descubrimiento, sin mayor trascendencia la mayoría de las veces.

- **De transición**: se da cuando ambos son conscientes de que no están hechos el uno para el otro, de que no tienen futuro, de que lo suyo es imposible por las razones que sea, pero tienen la oportunidad de vivir la experiencia durante un tiempo, sin implicarse emocionalmente más de lo necesario. Después de una ruptura sentimental, es algo que se da con frecuencia: hasta volver a encontrar a esa persona que encaje en nuestra vida, se pasa por diferentes relaciones en las que, al no sentirnos preparados por no haber superado el duelo, no nos comprometemos sentimentalmente por completo. Son, por tanto, relaciones esporádicas que nos ayudan a ir recuperando la autoestima. Sin embargo, hay que ser cautos porque puede darse el efecto rebote. Al haber salido al ruedo sintiendo hambre emocional, corremos el peligro de caer enamorados y embarcarnos en una nueva relación que multiplique el dolor.

- **Fuera de lugar:** es la relación que se toma como una vía de escape puntual. Un romance de verano, por ejemplo, en el que ambos saben que todo se acaba cuando las vacaciones lleguen a su fin, o incluso una relación esporádica recurrente entre dos personas que ya tienen pareja o incluso familia. No es mi intención fomentar la infidelidad, pero menciono este tipo de relaciones porque son una realidad presente (aunque velada) en nuestra sociedad.
- **Como pasatiempo:** relaciones que pueden surgir entre dos desconocidos entre los que se desata la química y que dura unas horas o unos días, sin que ninguno de los dos desee implicarse emocionalmente, sino tan solo pasar un buen rato, disfrutar de la vida y de la compañía del otro.

Para mantener las relaciones neutras sin problemas, es importante que ambas partes tengan los mismos intereses y las mismas intenciones y tener la mente algo más abierta más allá de los estándares tradicionales de nuestra sociedad. El problema surge cuando una de las partes acaba implicándose emocionalmente. En ese caso la situación puede tornarse complicada y dolorosa.

Recuerdo el caso de una cliente que acudió a mi consulta por otro asunto, pero que durante las sesiones me comentó que mantenía una relación con un hombre casado. Afirmaba rotundamente que eso no le suponía ningún problema ni conflicto, pues tenía claro que se trataba de una relación puramente sexual sin implicaciones sentimentales. Sin embargo, al poco tiempo tuvimos que tratar un duelo amoroso pues, para su sorpresa, terminó enamorándose de él.

Durante las relaciones sexuales se liberan sustancias químicas que generan sensaciones y conductas determinadas y directamente relacionadas con el proceso de enamoramiento. De modo que si decides mantener relaciones con alguien, debes ser consciente de que es posible que aparezcan sentimientos más allá del puro placer y asumir las consecuencias. Hellen Fisher recomendaba a sus alumnos no tener relaciones sexuales con quienes considerasen que no son adecuados, para así evitar enamorarse de la persona menos indicada.

Las **relaciones tóxicas** son aquellas en las que no hay un equilibrio entre ambos integrantes o que están basadas en principios que a medio o largo plazo acaban siendo dañinos para ambos. Se pueden encontrar tres tipos:

- **Relación de supervivencia**: se da cuando al menos uno de los miembros de la pareja está totalmente convencido de que no podría vivir sin el otro y su felicidad depende de lo que este haga o diga. Es una relación profundamente asimétrica, basada en el miedo (a la soledad, a lo desconocido, a la pobreza...) y no en el amor.
- **Relación de validación**: es aquella en la que la autoestima de uno (o de ambos) es tan baja que para sentirse

personas valoradas necesitan el reconocimiento del otro, ya sea a la belleza, al talento, al estatus..., y si no lo consiguen, su autoestima se desmorona y quedan a merced del otro.

- **Relación planeada**: no me refiero a un matrimonio pactado, de los que existían hace algunos siglos o de los que se siguen practicando hoy en día en algunas culturas, sino al ideal que uno viene alimentando desde la infancia, imaginando su boda perfecta, creciendo con la creencia de que es una fase por la que se ha de pasar indiscutiblemente al llegar a la edad adulta. Debido a este ideal, algunas personas, especialmente mujeres, deciden unirse en matrimonio con quien se lo pide, o con su novio de la adolescencia, porque es lo que se espera de ellas, no porque lo hayan decidido de forma racional.

LA ASERTIVIDAD

La asertividad es la capacidad para expresarse de un modo honesto, directo y respetuoso, para decir lo que se piensa, sin agredir y sin miedo al rechazo. Mediante la asertividad trasladamos al otro nuestro punto de vista, sin ánimo de discutir y aceptando con naturalidad que se está en desacuerdo, si ese es el caso.

La asertividad está muy vinculada a la inteligencia emocional y a la inteligencia social, y lamentablemente se trata de un área, la de la comunicación de las emociones, que no nos enseñan de forma específica ni en la escuela ni en ningún otro sitio. De niños construimos nuestra forma de relacionarnos con los demás a partir de las conductas que observamos en los adultos de nuestro entorno. Tomamos el patrón de lo que vemos y vivimos, de forma que, a la hora de establecer lazos, ya sea en una relación conyugal, profesional o de amistad, carecemos de las habilidades sociales necesarias como para expresarnos con el perfecto equilibrio, entre libertad y respeto, que proporciona la asertividad.

Muchos puntos de vista

En nuestra sociedad nos han enseñado a que las cosas son blancas o negras, buenas o malas, grandes o pequeñas, cortas o largas... Sin embargo, la realidad está llena de matices, en todos los sentidos, y el arte de la asertividad radica en que uno pueda ser honesto consigo mismo y con los demás actuando y hablando desde el respeto. Se trata de tender puentes, no de sembrar enemigos.

Todo es cuestión de puntos de vista. Podemos acabar discutiendo y peleando, esforzándonos por tener razón, cuando en esencia importa muy poco, porque en realidad nada es *o blanco o negro*, no existe una verdad absoluta sobre nada, todo dependerá de los ojos de quien mira y de lo que se esté pensando o sintiendo en cada momento.

Hay discusiones de pareja que se originan en una disparidad de opinión, y que no se llegan a resolver, mientras uno de ellos no claudique y ceda. Esto ocurre porque uno de los miembros (o los dos) se comporta siguiendo modelos agresivos o sumisos que provocan respuestas inadecuadas en el otro. A mis clientes les digo siempre que si hemos nacido con dos orejas y una boca es porque estamos en este mundo para escuchar el doble de lo que hablamos, y la naturaleza es sabia. A veces solo hace falta sentarse y escuchar, pero la mayoría no sabemos hacerlo, al contrario, lo que el cuerpo nos pide normalmente es responder al ataque verbal con uno de la misma intensidad. Esto, en lugar de llevarnos a los puntos que tenemos en común, acabará derivando en un desencuentro. Esto es algo de lo más habitual, porque nadie nos ha enseñado a comunicarnos asertivamente. Actuando según nos dicta nuestra naturaleza más primaria no estamos haciendo uso del valioso cerebro que la evolución nos ha proporcionado.

Saber comunicarse

La comunicación es uno de los pilares básicos en nuestra sociedad; por lo tanto, es algo indispensable, y que no debemos desatender, en nuestra relación de pareja.

En mi consulta me encuentro a menudo con parejas cuyo principal problema es la comunicación, como si no hablaran el mismo idioma. Muchas carecen de habilidades y estrategias para comunicarse de forma adecuada, y al final esta falta de herramientas se interpreta muchas veces como falta de ganas, desmotivación, incomprensión, etc. De hecho, un error muy habitual, en el que caen muchas personas, es el de dar por hecho que el otro ha de adivinar lo que se espera de él para satisfacer a su pareja, que en una relación no hay que decir abiertamente lo que se quiere, hay que insinuarlo, y además el otro tiene que estar preparado para adivinarlo, como si el amor tuviera propiedades mágicas que nos convirtieran en clarividentes.

En la película *Philadelphia*, de 1993, Denzel Washington dice en un par de ocasiones a lo largo del juicio «explíquemelo como si tuviera seis años». Pues bien, no hay que dirigirse al otro como si fuera estúpido, pero tampoco hay que dar nada por sobreentendido ni esperar que nos lean la mente para que hagan exactamente lo que estamos pensando. Sabiendo comunicarle al otro nuestros deseos, peticiones o demandas de cariño, haciéndolo de forma que se comprenda y no esperando que lo sobreentienda, estaremos reforzando el vínculo con él, regando y abonando el terreno para que la relación crezca más fuerte y sana.

He aquí algunos principios básicos que te ayudarán a conseguirlo:

- Es mejor una petición que un reproche o una exigencia. De ese modo estás demostrando respeto por el otro, y eso siempre favorece la comunicación. Es muy distinto pedir «¿podrías no jugar con el *smartphone* mientras hablamos?», a decir «¡cuando estemos hablando, quiero que dejes a un lado el teléfono!». O lo que es lo mismo: es mucho mejor pedir que imponer.
- Es preferible hacer preguntas a lanzar acusaciones. Si acusas directamente a alguien, activas su sistema de defensa y eso equivale a bloquear cualquier posibilidad de fluidez comunicativa. Hay un importante matiz entre preguntar «¿me estás escuchando?» y decir «¡no me escuchas!».
- Criticar las acciones, no a las personas. Llevamos toda la vida viéndolo, en la realidad de cada día, en la televisión, en el cine..., pero etiquetar a alguien en función de algo que ha hecho o ha dejado de hacer en un momento puntual es mal comienzo para una comunicación efectiva. Las críticas personales también ponen al interlocutor a la defensiva. No es lo mismo

decirle a alguien «te has olvidado otra vez de sacar la basura. Eres un desastre», que decirle de una forma más asertiva, aunque signifique lo mismo, «te has olvidado otra vez de sacar la basura. Últimamente estás muy despistado; ¿te preocupa algo?».

- No acumular emociones negativas sin comunicarlas. Cuando te guardas pensamientos, emociones, malentendidos..., no los estás pasando por alto, los estás reprimiendo, y eso es muy distinto. Reprimir es siempre dañino porque tarde o temprano lo reprimido acabará erupcionando como un volcán, y lo hará quizá en el momento menos apropiado.

- Las discusiones, de una en una. Es de lo más habitual empezar a discutir con tu pareja por un tema determinado y que se convierta en un intercambio de reproches que abre las compuertas a todos los asuntos pendientes, grandes o pequeños, que estén en ese momento sin resolver. Tampoco es correcto recurrir siempre a los mismos reproches cuando la discusión sube de tono. Si algo del pasado ya se habló y se perdonó, no tiene por qué estar regresando a las discusiones constantemente.

- Evitar las generalizaciones. En la comunicación oral informal de cada día, es normal valerse de estas generalizaciones para decir cosas como «¡siempre llueve los sábados!» o «¡nunca encuentro aparcamiento!» pero en cuanto analizas la oración en detalle, te das cuenta de que no es cierto. A la hora de comunicarte con tu pareja, es preferible evitar términos como *siempre* y *nunca*, o *todo* y *nada*, porque no es lo mismo decirle a tu pareja «nunca compras la marca de leche que te digo», que decir «en las últimas tres semanas, te has equivocado de marca de leche. Recuerda, por favor, traer la de la etiqueta azul, ¿vale?».

- Cuidado con el exceso de sinceridad. Algunas cuestiones delicadas han de meditarse un poco antes de decirse abiertamente. A veces las consecuencias no compensan, sobre todo si alguien puede resultar herido. Decir algo como «últimamente me noto más frío respecto a ti; no sé si todavía me gustas», es sin duda frontal y sincero, pero antes de emitir una afirmación que puede resultar tan devastadora es importante sopesar si es necesaria y si es útil. El sabio Sócrates hablaba de someter las afirmaciones a un triple filtro antes de lanzarlas: el filtro de la verdad, el filtro de la bondad y el filtro de la utilidad.

- Coherencia entre la comunicación verbal y la comunicación no verbal. Esto significa que los mensajes han de ser coherentes. Un ejemplo muy sencillo: si dices «si ya sabes que te quiero» con cara de fastidio, tu actitud dejará a tu pareja peor que si no hubieras dicho nada.

Seguro que al leer la lista de principios para una correcta comunicación asertiva has recordado momentos en los que podrías haberlos puesto en práctica, pero en el fragor de la discusión parece que no es tan fácil recordarlos y emplearlos. Para conseguirlo, lo mejor que podemos hacer es valernos de las técnicas y estrategias que nos muestra la asertividad, las cuales he resumido en seis puntos, a modo de ejercicios, que puedes aplicar en tu día a día para mejorar la comunicación en tu relación de pareja:

1. **Agradecer:** la convivencia puede llevarnos a que nos acostumbremos a determinados comportamientos positivos y los demos por hecho. Es necesario ser proactivo en este aspecto, en lugar de confiar en que se sobreentienda. Se puede dar las gracias de muchas maneras, con un beso, con una flor, con una cena o simplemente diciendo «¡muchas gracias!». Y seguro que hay docenas de motivos para agradecer algo a tu pareja.

2. **Pedir:** desde niños, la sociedad nos enseña a no pedir. Sin embargo, pedir lo que se quiere no es egoísmo ni imposición, y tampoco es rebajarse. Es algo mucho más saludable que evita carencias y malentendidos. Comunicar abiertamente qué, cuánto y cuándo nos gustaría que la otra persona hiciera por nosotros es uno de los ingredientes de la felicidad conyugal.

3. **Expresar sentimientos negativos:** una pareja es un proyecto de vida en común, un equipo, un par de amigos íntimos, entre los que debe destacar la conexión y la complicidad. Por esta razón, es necesario, y saludable, que ambos miembros de una pareja se comuniquen sentimientos de malestar, decepción, miedo, tristeza, frustración, enfado... pero siempre de una forma asertiva, explicándolos como si nuestro compañero tuviera seis años, para que la conversación no desemboque en peleas

y acusaciones. Para ello es importante **hablar de forma directa**, con claridad; **expresarlo en el momento adecuado**, no cuando haya pasado el tiempo y la otra persona ni recuerde de qué hablamos; **exponerlo de forma activa**, no como si todo fuera consecuencia de lo que hace o dice el otro —es mejor decir «yo siento» que reprochar «tú me haces sentir»; **describir las conductas de ambos sin lanzar acusaciones**, porque es más fácil transmitirle al otro lo que sentimos si no comenzamos con un reproche directo; por ejemplo, si dices «mientras yo friego, tú te vas a ver la televisión, y eso me parece injusto», estás haciéndole entender, pero con «qué egoísta eres, estoy como un esclavo a tu servicio», se sentirá atacado, quizá sin comprender el por qué, y no habrá forma de llegar a un punto intermedio inteligente.

4. **Empatizar:** es una de las capacidades que hacen que el ser humano sea una criatura maravillosa y que, afortunadamente, ha ido creciendo con nuestra evolución como especie. Se trata de la capacidad de ponerse en lugar del otro, la capacidad de identificarse con él y compartir sus sentimientos. Un don directamente relacionado con la compasión. Sin embargo, por regla general tenemos tan asumida nuestra particular visión de las cosas que ni siquiera intentamos asomarnos al punto de vista de nuestra pareja, algo que resolvería muchos problemas y malentendidos. Probad a tomarlo como un juego e invertid los roles durante unas horas, o durante un día

será una manera muy divertida de entender cómo se ve el mundo desde los zapatos del otro.

5. No olvidar las demostraciones físicas. Las muestras de cariño son constantes y están muy vivas en las primeras fases de la relación, pero al cabo de los años no es raro que se «olviden» y el contacto sea prácticamente inexistente más allá de los momentos en los que se practican las relaciones sexuales. Las relaciones más longevas son aquellas que mantienen viva la comunicación piel con piel.

6. Enfrentarse al mal humor. A menudo, llegamos a casa irritados, malhumorados y estresados tras habernos enfrentado a los problemas del trabajo o de cualquier otra área, e irremediablemente solemos descargar estas emociones negativas sobre nuestra pareja. Esto puede resultar muy frustrante y doloroso para quien recibe una dosis de hostilidad injusta, y nuestros más primarios instintos nos empujan a ponernos a la defensiva pagando *con la misma moneda*. Sin embargo, es en momentos clave como este en los que podemos probarnos a nosotros mismos y poner en práctica la asertividad, reaccionando de una de estas dos maneras:

- Con asertividad repetida: el miembro no furioso de la pareja responde a ese brote de irritabilidad del otro mediante la repetición calmada de una negativa: «Yo no voy a estropear una noche porque tú estés de mal humor» o «Yo no tengo nada que ver con tu mal humor».

- Con asertividad empática: consiste en ponerse en lugar del otro y empatizar, diciendo algo del tipo: «Parece que esta noche estás de mal humor», seguido de una frase asertiva que muestre una postura firme pero constructiva: «Lamento que te sientas así, pero este malestar viene de otras personas y yo no soy responsable de ello».

Nuestros más primarios instintos nos empujan a actuar de forma visceral e incluso hostil ante un ataque, para defendernos cuando sentimos una amenaza directa. Esta reacción tenía sentido hace cientos de miles de años, cuando teníamos unos pocos segundos para enfrentarnos a un enemigo, huir de una fiera o incluso ocultarnos cuando fuese necesario, pero en estos tiempos que vivimos, en los que el mundo ha evolucionado más rápido que algunas áreas de nuestro cerebro, estos instintos son más un lastre que una habilidad. Por eso es tan importante ser conscientes de las debilidades que traemos «de fábrica» y trabajar para poder ser la mejor versión de nosotros mismos y disfrutar de una relación de pareja sana y fortalecedora. Nuestro subconsciente nos pedirá actuar de forma agresiva, o pasiva, y somos nosotros los que hemos de escoger conscientemente el camino del centro, que es donde está la virtud, y tomar siempre decisiones asertivas.

APRENDER A AMAR

Si tras una dolorosa ruptura y su correspondiente proceso de duelo, te sientes de nuevo lleno de energía, con ganas de encontrar a otra persona, listo para amar, para embarcarte en una nueva relación, tendrás una ventaja cualitativa —a la hora de lanzarte al ruedo— si aprendes a hablar *los lenguajes del amor*.

El antropólogo Gary Chapman defiende la teoría de que cada persona habla un lenguaje del amor diferente y que la clave para una relación en la que ambos se sientan amados es saber cuál es nuestro lenguaje y el de nuestra pareja, y actuar en consecuencia. Según su planteamiento, cada uno de nosotros habla uno de estos cinco códigos, con predominio sobre los demás, a través de los cuales sentimos y expresamos amor hacia otras personas. Porque cada uno de nosotros habla uno de los cinco lenguajes del amor. Puede parecer un juego, pero las teorías expuestas por el doctor Chapman son sólidas y reales (yo mismo las he podido poner en práctica con muchos de mis clientes).

Lenguaje del amor 1: palabras de afirmación

Hay personas que se sienten apreciadas a través del propio lenguaje. Necesitan escuchar lo que los demás piensan acerca de ella, por lo que tiene más valor un «gracias por lo que haces por mí, eres genial y te amo», que unos pendientes de brillantes que se encuentre un día sobre la almohada o una comida especial preparada con esmero.

Tras varios años de matrimonio es fácil caer en la monotonía y en la inercia, asumir que los sentimientos se sobreentienden. Pero no es así, y en el caso de quienes hablan este tipo de lenguaje del amor, más todavía, porque a ellos no les sirve con un acto de servicio ni con un regalo, necesitan escuchar a menudo lo que la otra persona piensa y solo se sienten valorados a través de cumplidos, mensajes de gratitud, palabras edificantes... Si tu pareja habla este lenguaje, tienes múltiples opciones para lograr su bienestar y llenar ese depósito de amor. Es algo que puedes hacer varias veces a lo largo del día, reconociendo las cosas positivas que aporta a tu vida y a las vidas de los demás y los sentimientos que su presencia te inspira. Quizá nunca le has dicho que admiras su modo de enfrentarse a las adversidades, o puede que falte establecer una comunicación proactiva. Pregúntale lo que piensa, lo que necesita, lo que desea... Habla. Necesita tus palabras.

Lenguaje del amor 2: tiempo de calidad

Quienes hablan este lenguaje no valoran tanto las palabras de amor, ni los regalos, ni el contacto físico como el hecho de que su pareja les dedique su tiempo, especialmente si su trabajo es muy absorbente y lo habitual es que no tenga tiempo para nada. Este tipo de personas se sienten valoradas y apreciadas cuando se les dedica tiempo. Y no es una cuestión de cantidad, sino de calidad. Eso significa que no vale estar con el móvil en la mano, pendiente del correo electrónico o de la Bolsa de Hong Kong. El trabajo ha de tener su momento y su lugar, pero cuando estés en compañía de tu pareja, debes dedicarle toda tu atención, de igual forma que ella te la dedicará a ti. Conversando corazón a corazón, no como zombis en el sofá mirando la televisión, haciendo planes juntos, realizando actividades divertidas, con las que disfrutéis ambos. Ese es tiempo de calidad. Reír juntos, descubrir lugares nuevos juntos, atreverse con comida exótica juntos, viajar juntos...

Lenguaje del amor 3: regalos

Si este sistema es proporcional, una quinta parte de la población habla este lenguaje del amor. No se han hecho estudios al respecto, pero no sería extraño que así fuera. Quienes hablan este lenguaje se sienten valorados cuando la otra persona les transmite su amor mediante regalos. Esto no significa que sean fríos materialistas, sino que su necesidad más primaria responde a un patrón que tenemos implantado en nuestra mente desde hace cientos de miles de años, y, de hecho, es algo que vemos todavía en culturas ancestrales, e incluso en el reino animal (recuerda el pájaro jardinero). Cuando le haces un regalo a una persona que habla este lenguaje, lo que más aprecia es que hayas pensado en ella, que te hayas tomado la molestia de analizar qué le gustará e ir a buscarlo. Ya sea un producto de alta tecnología o una flor del campo, estarás transmitiéndole tu amor y tu aprecio de una forma que, para esa persona, ningún otro gesto puede superar. De hecho, uno de los «regalos» que nos propone Gary Chapman es el «regalo de la presencia». Se acerca mucho a lo que hemos visto en el lenguaje del amor anterior, pero es distinto, porque consiste en regalar la propia presencia, cancelando una cita o reorganizando la agenda para poder dedicar unas horas a tu pareja, en un horario poco habitual para vosotros.

Lenguaje del amor 4: actos de servicio

Aquellos que hablan este lenguaje se sentirán satisfechos cuando los demás lleven a cabo acciones o cumplan unas tareas determinadas. No se sentirán amados por mucho que su pareja se lo susurre al oído o se lo demuestre con regalos y detalles. Valorarán más que los libere de una tarea o se ocupe de algo pendiente. Es una forma de honrar a la persona que amamos, también muy relacionada con un instinto primario, el que llevó a nuestros antepasados a homenajear de distintas maneras a los dioses de la antigüedad. Quien habla este lenguaje se sentirá amado, y mucho, si un día llega a casa y encuentra una excelente cena sobre la mesa o descubre que has acabado todos los arreglos pendientes que se habían acumulado en los últimos meses. Si tu pareja habla el lenguaje de los actos de servicio, más vale que vayas preparando buen *planning* semanal.

Lenguaje del amor 5: contacto físico

Las personas que hablan este lenguaje necesitan contacto físico para sentirse amadas. Y con ello no me refiero únicamente al sexo. Tomar de la mano mientras se habla, abrazar a menudo, tocar su piel cada vez que sea posible... Hay personas que son más kinestésicas (eso es algo que está comprobado hace mucho tiempo) y que quizá te acaban de conocer, pero en medio de la conversación te toman del hombro con naturalidad. Necesitan el contacto físico para sentirse cerca de los demás seres vivos. Es su naturaleza. Y si tu pareja habla este lenguaje del amor, has de centrarte en eso y priorizar la comunicación piel con piel.

Es muy importante que conozcas el lenguaje del amor de la persona que amas, pero también lo es descubrir cuál es el que tú mismo hablas. ¿Cuál es tu lenguaje del amor? ¿Con cuál te identificas? Cuando lo sepas, podéis convertirlo en un juego, marcándoos una serie de misiones recíprocas, para ir llenando ese depósito de amor con las muestras de afecto de cada uno de vuestros lenguajes.

Después de haber vivido una ruptura, a la hora de aventurarse en una nueva relación, es básico sentar unos cimientos en los que poder construirla, si deseamos que sea sólida y duradera, con la experiencia de vivencias anteriores, pero también con la ilusión de que la vida nos tiene guardadas todavía muchas alegrías por experimentar.

Cuando dos personas que han tenido experiencias dolorosas se encuentran, surge la chispa, el flechazo, y deciden lanzarse a una nueva aventura amorosa, ambas vienen cargadas con su propia mochila. En ella portan sus creencias, miedos, ideas, manías, temores, dudas y cualquier emoción negativa que hayan vivido en sus relaciones anteriores. El problema es que estas mochilas invisibles van por delante, no en la espalda, por lo que cada una de esas personas queda oculta detrás de su mochila. Cuando la nueva pareja choca, cuando surgen discrepancias, son sus mochilas, cargadas hasta arriba con cosas de las que no han sabido deshacerse, o que ni siquiera son conscientes de que los atormentan, las que colisionan entre sí. Las personas reales están detrás, ocultas tras esa colección obsoleta de miedos, creencias y dudas que nunca les permitirán moverse con soltura mientras no aprendan a deshacerse de todo ese peso inútil.

Cuidando y alimentando el amor

Cuando la relación ha atravesado sus primeras fases y ya llevamos varios años compartiendo la vida con nuestra pareja, aparece algo que puede resultar peligroso: la monotonía. Puesto que a estas alturas los objetivos marcados por nuestras necesidades biológicas (los únicos que se hubieran tenido en cuenta en el Paleolítico) ya han sido satisfechos, la relación puede estancarse y terminar muriendo antes de que hayamos podido pasar a la siguiente fase. El cambio de estado del enamoramiento no es algo que ocurra de forma automática, como una cuenta atrás que avanza minuto a minuto hasta agotar el tiempo establecido y hacer sonar una alarma que marque la transición de un estado a otro. Al contrario, se trata de algo que se instaura poco a poco y que ambos miembros de la pareja deben construir. La vida cotidiana, con su aburrimiento y predictibilidad, puede secar la relación hasta hacerla inservible, por lo que hemos de pensar en ella como si se tratara de una planta que necesita ser regada, podada y abonada, y a la que tenemos que procurar la intensidad de luz solar apropiada.

Son siete los elementos que considero que hemos de cubrir para poder recibir con los brazos abiertos a esta nueva y bella fase del amor conyugal:

1. **Sentimiento:** por muchas técnicas, consejos e ideas que cualquiera pueda exponer al respecto, el amor conyugal no deja de ser un sentimiento, y esta es su característica principal. El amor para el ser humano significa entrega, búsqueda del bien y felicidad del otro, además de un constante acto de dar y recibir.

2. **Compenetración:** en su sentido más amplio, sexual, psicológico, espiritual y cultural, la pareja habrá creado un fuerte grado de compenetración, que surge de la intimidad. La comunicación y el progresivo conocimiento mutuo son la base sobre la que se asienta la relación afectiva.

3. **Voluntad**: por supuesto, si queremos disfrutar de una relación sólida desde sus cimientos, la fuerza de voluntad y una actitud perseverante serán necesarias para acrecentar este amor. Se trata de trabajar aquello que requiera más cuidados y pulir las aristas que el roce de la convivencia pueda haber creado.

4. **Inteligencia**: con este término no me refiero al grado de erudición ni al cociente intelectual del individuo, sino a la inteligencia relacionada con el conocimiento personal, y por reflejo, el conocimiento profundo del otro. Según Howard Gardner, el ser humano posee ocho tipos de inteligencia, todas ellas complementarias y ninguna manifiestamente superior a las demás: la inteligencia interpersonal, la intrapersonal, la musical, la visual-espacial, la naturalista, la lógica-matemática, la verbal-lingüística y la corporal-kinestésica. Aunque lo ideal es trabajarlas todas, también es cierto que en cada persona se da un predominio distinto de una o varias modalidades sobre el resto, lo cual forma parte de la personalidad del individuo.

5. **Filosofía o proyecto común**: el amor de pareja precisa de la comunicación y, en este sentido, requiere haber establecido de mutuo acuerdo las bases para la convivencia. Para ello, se deberán establecer objetivos en común y alimentar la relación cumpliendo las expectativas y las pequeñas metas que ambos miembros se han propuesto.

6. **Compromiso**: cuando escogemos y somos escogidos para compartir con otra persona parte de nuestro

proceso vital, formar una familia y compartir nuestros objetivos, sueños y deseos, antes tendremos que establecer un compromiso responsable y meditado.

7. **Fluencia y dinamismo**: si la vida se detiene, se muere. En un mundo estático no habría evolución ni avanzaríamos en el camino hacia nuestro perfeccionamiento personal. A medida que la vida fluye nos encontramos con imprevistos, sorpresas buenas y malas, sustos, tristezas y alegrías.

Estos son los ingredientes para construir una relación sana, madura e inteligente, que requerirá de voluntad, constancia, fidelidad y compromiso por parte de ambos. Su núcleo es el amor humano más puro, basado en la entrega a la persona amada, pero sin convertirla en responsable de nuestra felicidad y autoestima.

A lo largo de estas páginas mi intención ha sido darte toda la información posible para que conozcas el origen del amor y el porqué de los asuntos del corazón y para que puedas entender todo lo que sucede en tu interior durante una ruptura, incluido el inevitable paso por las fases del duelo. Es un camino que nos tocará vivir a todos nosotros cuando tengamos que atravesar por esa misma situación y enfrentarnos a este trastorno adaptativo, pero sufriendo lo menos posible a lo largo de todo el proceso. Cuando lo peor haya quedado atrás, te sentirás más fuerte y más íntegro, con unas herramientas y una sabiduría que antes no tenías. Te habrás convertido en alguien mejor preparado para entregarte a las nuevas experiencias amorosas con las que te vas a encontrar en tu ciclo vital.

La vida es una auténtica aventura, y lo mejor está todavía por venir.

BIBLIOGRAFÍA

Álava Reyes, María Jesús, *Recuperar la ilusión,* Madrid, La esfera de los libros, 2011.

Alberoni, Francesco, *Enamoramiento y amor*, Gedisa, Barcelona, 1984.

Beck, Aaron, *Con el amor no basta*, Barcelona, Paidós, 1990.

Burunat, Enrique, «Amor: inicio y fin en el cerebro», en *El amor*, Ed. Arte y Comunicación Visual, 2007.

Calle, Ramiro, *El arte de la pareja*, Madrid, Kailas, 2009.

Castanyer, Olga, *La asertividad*, Bilbao, Desclée de Brouwer, 1996.

Chapman, Gary, *Los cinco lenguajes del amor*, Miami, Unilit, 1996.

Congost, Silvia, *Autoestima automática*, Barcelona, Zenith, 2015.

Cook, Mark y Glenn Wilson, *Love and attraction*, Nueva York, Pergamon Press, 1979.

Ferrándiz, Alejandra y Vicente Verdú, *Noviazgo y matrimonio en la burguesía española*, Madrid, Cuadernos para el diálogo, 1974.

Fisher, Helen, *Por qué amamos*, Madrid, Taurus, 2004.

_____ *Anatomía del amor*, Barcelona, Anagrama, 1992.

Garriga, Joan, *El buen amor en la pareja*, Barcelona, Planeta, 2013.

Gray, John, *Los hombres son de Marte, las mujeres de Venus,* Barcelona, Mondadori, 1992.

Maló Pe, Antonio, *Antropología de la afectividad*, Pamplona, Eunsa, 2004.

Miller, Geoffrey, *The Mating Mind: How Sexual Choice Shaped the Evolution of Human Nature,* Nueva York, Anchor Books, 2001.

Moss, J. Cynthia, *Elephant Memories: Thirteen Years in the Life of an Elephant Family*, Nueva York, Ed. William Morrow, 1988.

Norwood, Robin, *Las mujeres que aman demasiado*, Barcelona, Zeta-Bolsillo, 2006.

Ortega y Gasset, José, *Estudios sobre el amor*, Madrid, Alianza, 1996.

Ortigue, Stephanie y otros. «Neuroimaging of Love: fMRI Meta-Analysis Evidence toward New Perspectives in Sexual Medicine», en *The Journal of Sexual Medicine*, volumen 7, número 11, págs. 3541-3552, noviembre de 2010.

Pease, Allan y Bárbara, *Por qué los hombres no escuchan y las mujeres no entienden los mapas*, Barcelona, Amat, 2002.

Platón, *El banquete*, Madrid, Espasa Calpe, 1950.

Riso, Walter, *Ama y no sufras,* Barcelona, Planeta/Zenith, 2009.

_____*Amar o depender*, Barcelona, Planeta/Zenith, 2008.

_____*Jugando con fuego*, Barcelona, Planeta/Zenith, 2010.

_____*Desapegarse sin anestesia*, Bogotá, Planeta, 2012.

Rojas Marcos, Luis, *La pareja rota*, Madrid, Espasa Calpe, 1994.

Rojas, Enrique, *El amor inteligente,* Madrid, Temas de hoy, 1997.

_____*El amor: la gran oportunidad*, Madrid, Temas de hoy, 2011.

Tizón García, Jorge, *Apuntes para una psicología basada en la relación*, Barcelona, Librària, 1995.

Varela, Pilar, *Amor puro y duro*, Madrid, La esfera de los libros, 2004.

Worden, J. William, *Grief counseling and therapy. A handbook for the mental health practitioner*, Springer Publishing, Nueva York, *El tratamiento del duelo: asesoramiento psicológico y terapia*, traducción de Ángela Aparicio, 1997. Paidós, Madrid, 1991.

Yehuda, Berg, *Reglas espirituales de las relaciones*, Nueva York, The Kabbalah Centre, 2008.

Yepes, Ricardo, *Fundamentos de antropología*, Pamplona, Eunsa, 1996.

Zarraluqui, Luis, *El divorcio. Defensa del matrimonio*, Barcelona, Bruguera, 1980.

ÍNDICE